“图书情报与档案管理”湖南省十二五重点学科建设成果
湘潭大学博士科研启动项目“我国出版中介服务研究”研究成果

我国出版中介服务研究

RESEARCH ON
PUBLISHING INTERMEDIARY SERVICE IN CHINA

汪全莉 著

湘潭大学出版社

序

出版中介服务是出版市场体系的重要组成部分。对于出版资源的合理配置、科学调节出版生产、大力促进出版消费及广泛参与国际合作，进而促进文化产业发展有着重大而深远的意义。本书对该领域进行了深入研究，有理论意义与实践价值。

文化市场体系是由相互联系的各类文化子市场组成的有机统一体，其中出版市场体系是构成现代文化市场体系的重要组成部分。缺乏完善的出版市场体系，健全的现代文化市场体系就是一句空话。而完整的出版市场体系由出版要素市场、出版产品市场、出版流通市场以及出版行业组织与中介服务机构四大相互联系和支撑的子系统构成，缺一不可。出版行业组织和中介服务机构对于出版产业来说，由于不是直接参与生产的必要生产要素，过去没有引起相关部门的重视。

从全球宏观背景来看，随着社会分工和科技的发展，发达国家的中介服务业已经成为一项支柱性的产业，文化、科技中介服务业的增长速度已超过了 GDP 的增幅。世界 500 强的企业中，有 50% 的公司都拥有与自己长期合作的国际著名咨询公司，100% 的公司进行过咨询等中介服务活动，行业中介服务已经成为新兴产业的亮点。国外出版中介服务市场成熟，90% 的作家都拥有自己的经纪人或经纪公司，作家一般不亲自打理自己的作品，由经纪人和版权代理中介服务机构完成作品的相关权利的转让，出版中介服务在出版产业的发展过程中具有非常重要的作用。

随着我国出版转企改制，出版市场供求关系发生明显地转变，由原来的卖方市场转变为买方市场，出版生产要素的流通基本上由市场来决定。出版市场的这种变化，迫切地需要出版中介服务来协调和加速生产要素的合理流动，促进出版市场的公平合法交易，出版中介服务及机构的发展水平已经成为出版市场繁荣的重要指标。党中央、国务院高度重视包括出版市场在内的现代文化市场体系建设。各地区、各部门在现代文化市场体系建设中积极探索。原新闻出版总署也针对我国出版发行体制改革问题提出“要发展出版中介机构，提高新闻出版产品和服务的市场化程度”的要求。然而，与我国出版市场发展的要求相比，我国出版中介服务发展水平还不能完全适应文化产业大发展大繁荣的要求，不能适应出版产业发展的需求。因此，全面研究出版中介服务发展的相关问题，对于出版产业的发展具有重要理论意义和实践指导作用。

汪全莉博士从事出版学教育与研究十余年，出版中介服务一直是其攻读博士学位期间研究的主要问题，并已形成她的重要研究成果——博士论文《我国出版中介机构研究》。经过后续几年的跟踪研究，在其博士论文的基础上修改完善，最终完成此专著。本书根据新闻出版署颁布的《新闻出版总署关于深化出版发行体制改革工作实施方案》和《关于进一步推进新闻出版体制改革的指导意见》两文件中提出的重点发展的四类出版中介服务，进行相关文献调查和实地考查。根据调查情况分析发现：在实践方面我国出版中介服务未得到充分发展，出版中介服务的发展成熟度无论是相较于西方国家还是相对于我国出版产业的发展要求都显得滞后。在出版中介服务的理论研究方面，还少有学者对出版中介服务做系统地研究，缺乏整体上的系统分析。据此，本书提出要重视出版中介服务发展，并从优化我国出版中介服务模式、出版中介服务平台、出版中介服务机构管理、出版中介服务评价和出版中介服务发展保障体系五个方面对出版中介服务进行了系统而全面地研究，为我国出版中介服务的发展提供了坚实的理论基础。

当前，出版环境日新月异，出版领域热点层出，出版中介服务略显“冷门”，但其学术研究和探索应具有前瞻性，有利于充实出版学研究理论和出版产业的发展。汪全莉博士这一成果的出版，相信会引起出版业界和学界从出版产业链的视角重新审视出版中介服务，有助于我国出版产业链的完善与发展。希望汪全莉博士在今后的研究中进一步探索与完善，不断取得新成果。

在本书付梓之际，写下以上文字，即是致贺，亦是期许。

朱静雯

2018 年春于武汉大学

目录

第一章 绪论

文化市场体系是由相互联系的各类文化子市场组成的有机统一体，其中出版市场体系是现代文化市场体系的重要组成部分，缺乏完善的出版市场体系，健全的现代文化市场体系就不可能实现。完整的出版市场体系由出版要素市场、出版产品市场、出版流通市场以及出版行业组织与中介机构四大相互联系和支撑的子系统构成，缺一不可。出版中介服务对于出版资源的合理配置、出版生产的科学调节、大力促进出版消费、广泛参与国际合作推动文化产业发展等方面，有重大价值与深远意义。过去，由于出版行业组织和中介机构对于出版产业来说并非直接参与生产的生产要素，没有引起相关部门的重视。改革开放以来，随着我国出版体制改革，出版业逐步走向市场，党中央、国务院高度重视现代文化市场体系建设，各地区、各部门在现代文化市场体系建设中做了许多积极探索。国家新闻出版署也针对我国深化出版发行体制改革工作中存在的问题，提出要发展出版中介服务、提高新闻出版产品和服务市场化程度等意见。然而，与我国出版市场发展要求相比，我国出版中介服务及其机构的建设和发展水平，还不能完全适应文化产业大发展大繁荣的要求，不能适应出版产业发展的需要。因此，全面研究出版中介服务系统对出版产业的发展具有重要理论意义和实践指导作用。

第一节 研究背景与动因

本研究课题的提出，第一是基于出版中介服务业发展的广阔市场背景；第二是党和国家对出版产业和出版中介机构的重视,以及一系列完善出版市场体系的政策的出台。出版中介服务发展新态势，使突破现有理论，形成和丰富新的出版中介服务理论成为必然。

一、市场背景

从全球宏观背景来看，随着科学技术和社会分工的发展，发达国家的中介服务业已经成为一项支柱性产业，文化及科技中介服务业的增长速度超过了 GDP 增幅。世界 500 强企业中，有 50%的公司都拥有与自己长期合作的国际著名咨询公司，100%的公司进行过咨询活动[①]，各行各业的中介服务已经成为新兴产业的亮点。我国加入 WTO 后，出版市场逐步对外开放，对于我国出版中介服务业来说，这是一个严峻挑战。国外出版中介服务市场制度成熟，90%的作家都拥有自己的经纪人或经纪公司，作家一般不亲自打理自己的作品，由经纪人和版权代理中介服务机构完成作品的相关权利转让。出版中介机构及中介服务在出版产业发展过程中具有重要的作用。

从出版产业背景来看，通过市场这只“无形的手”调节社会各项经济活动是市场经济的特征。我国出版行业转企改制以来，出版市场供求关系发生了明显转变，由原来的卖方市场变为买方市场，出版生产要素的流通基本上由市场来决定。出版市场的这种变化，迫切需要中介机构和中介服务来协调、加速生产要素的合理流动，促进出版交易的公平合法。而今，出版中介机构及中介服务的发展水平已经成为出版市场繁荣的重要指标。出版中介服务通过与出版主体和出版要素市场建立联系，为出版活动提供人才、作品、资金等出版生产要素的信息服务。出版中介服务体系的发展有助于降低出版生产活动中的信息成本、管理成本和交易成本，对于提高出版产业的创新能力具有重要意义。我国出版体系中各主体间的沟通和互动相对缺乏，亟须高效高质的出版中介服务把好的选题创意和作家作品推广到出版企业。同时，在优秀作品“走出去”方面，出

①黄建远．中国传媒咨询业的发展空间及制约因素 [J]. 学海，2006(1):126-130.

版中介服务机构也没有起到应有的作用。当前我国出版市场体系建设中出版中介机构及中介服务存在的问题与不足是本课题提出的背景之一。

从出版中介机构发展的微观背景来看，我国出版中介服务活动随着出版体制的改革，日趋活跃。作为联系出版企业和出版市场的媒介和桥梁，版权经纪、代理、评估、鉴定、会展等中介服务机构在促进出版生产要素流动、出版资源配置和出版信息传递方面发挥着天然优势，有效解决了出版企业和市场之间信息获取不畅的问题。我国出版中介服务和出版中介机构是21世纪初才发展起来的，以我国促进出版中介机构发展政策的出台为契机，出版中介机构和中介服务有了长足发展。目前，我国图书版权经纪、代理、评估、鉴定等中介机构和提供相关出版中介服务的单位繁多，无从统计。但各类出版中介机构以不同的运作方式，积极提供各类出版中介服务活动，有效促进了出版要素的流动，提高了出版产业的生产力。如每年定期举办的北京、上海、香港等图书会展，极大地活跃了出版市场。2002年北京图书博览会共签署版权贸易合同8106种，是首届的83倍，博览会成交数量占我国当年版权贸易总数量11532项的70. 29%[①]，2006年第13届北京图书博览会达成了版权输出合同1096项，版权引进合同891项，实现了始创以来首次图书版权贸易顺差。国有版权代理机构的图书版权贸易数量达我国引进版权的30%左右，并形成了各自的版权代理优势。但从当前情况来看，我国出版中介机构还没有成长为出版产业链中不可取代的独立角色，出版中介服务体系比较薄弱。在这样的背景下，本课题提出构建和优化出版中介机构管理体系、探索合理有效的发展模式、建设出版中介服务平台、夯实出版中介机构发展保障体系，从而促进出版中介机构健康发展，使出版中介服务体系在文化市场体系中发挥重要作用。

二、政策背景

任何产业和行业的发展，都离不开国家和政府相关政策扶持，出版中介服务业也不例外。文化产业和出版产业在国民经济中的地位日益凸显，我国先后出台了许多有利于文化中介和出版中介发展的政策、条例和办法。

首先，国家层面，中共中央和国务院高度重视文化市场体系建设。党的第十七届六中全会通过的《中共中央关于深化文化体制改革推动社会主义文化大发展大繁荣若干重大问题的决定》明确提出要“构建统一开放竞争有序的现代文化市场体系”[②]，将健全现代文化市场体系作为“进一步深化改革开放，加快构建有利于文化繁荣发展的体制

①来小鹏. 版权交易制度研究 [M]. 北京：中国政法大学出版社，2009(07):11.

②中国政府网. 文化部部长：预计2016年文化产业成为支柱产业 [EB/OL].（2011-10-23）[2013-08-03]. http://www.gov.cn/jrzg/2011-10/23/content_1976395.htm.

机制”的基本内容；2009 年 7 月，国务院常务会议审议通过的《文化产业振兴规划》明确提出将“现代文化市场体系进一步完善”作为振兴我国文化产业的五大规划目标之一；2011 年 10 月，中国共产党第十七届六中全会上的报告中，胡锦涛总书记将“健全现代文化市场体系”作为进一步深化改革开放，加快构建有利于文化繁荣发展的体制机制的基本内容；2013 年 11 月，《十八届三中全会报告》中进一步强调“建设统一开放、竞争有序的市场体系，是市场在资源配置中起决定性作用的基础，必须加快形成企业自主经营、公平竞争，消费者自由选择、自主消费，商品和要素自由流动、平等交换的现代市场体系，着力清除市场壁垒，提高资源配置效率和公平性。”

其次，产业层面，出版文化体系作为构成现代文化体系的重要组成部分，国家也表现出了关注与支持。1995 年国家市场监督管理总局（原国家工商行政管理局）颁布了全国第一部《经纪人管理办法》，对包括文化经纪人在内的所有经纪人的培训、考核、资格认定、从业管理等作了系统规定；2004 年，国家市场监督管理总局（原国家工商行政管理总局）重新修订了《经纪人管理办法》，实施对经纪人管理的规章和办法；2006 年颁布的《新闻出版总署关于深化出版发行体制改革工作实施方案》明确提出要充分发挥市场中介和行业组织的作用，加快发展经纪、代理、评估等出版中介机构，建立专业化、社会化服务体系，正式提出了“出版中介机构”的概念；其后，2009年国家新闻出版署颁布《关于进一步推进新闻出版体制改革的指导意见》进一步强调“发展和完善新闻出版和版权经纪、代理、评估、鉴定、会展等中介机构及中介服务，提高新闻出版产品和服务的市场化程度”（表1-1我国出版中介机构发展的相关政策）。由此可见，国家十分重视出版中介服务及中介机构的发展，并给予了相应政策性支持。

表1-1 我国出版中介机构发展的相关政策

政策颁布时间	政策颁布机构	政策名称	政策内容
1995年	国家市场监督管理总局（原国家工商行政管理局）	《经纪人管理办法》	对文化经纪人在内的整个经纪人的培训、考核、资格认定、从业管理等作了系统的规定。
2004年	国家市场监督管理总局（原国家工商行政管理局）	重新修订《经纪人管理办法》	完善了国家《行政许可法》颁布实施后对经纪人管理的规章和办法。
2006年	国家新闻出版署	《新闻出版总署关于深化出版发行体制改革工作实施方案》	要充分发挥市场中介和行业组织的作用，加快发展经纪、代理、评估等出版中介机构，建立专业化、社会化服务体系。
2009年	国家新闻出版署	《关于进一步推进新闻出版体制改革的指导意见》	发展和完善新闻出版和版权经纪、代理、评估、鉴定、会展等中介机构，提高新闻出版产品和服务的市场化程度。

续表

2009年	国务院	《文化产业振兴规划》	“现代文化市场体系进一步完善”作为振兴我国文化产业的五大规划目标之一。
2011年	中国共产党第十七届六中全会上的报告	《中共中央关于深化文化体制改革推动社会主义文化大发展大繁荣若干重大问题的决定》	进一步强调健全现代文化市场体系。
2013年	十八届三中全会	《十八届三中全会报告》	强调建设统一开放、竞争有序的市场体系，是市场在资源配置中起决定性作用的基础。

三、现实动因

我国文化领域的市场改革起步较晚，从2000年党的第十五届五中全会首次提出“文化产业”的概念，到2007年十七大明确提出“大力发展文化产业”，再到2011年党的第十七届六中全会全面部署“推动社会主义文化大发展大繁荣”，前后不过10余年。出版产业作为文化产业的重要组成部分，经过这些年的努力与探索，虽然在出版转企改制、出版产品生产与流通、出版要素市场建设等方面已取得了一些成就，但与健全的出版市场体系的要求还有一定距离。其中，出版行业组织职能错位和出版中介服务机构严重缺失是影响我国出版体系完善的重要因素。

目前我国出版中介服务机构及服务供给质量低下，严重影响了我国现代出版市场体系建设。主要表现在：

（一）出版中介机构数量偏少，种类不全，资金来源不足。对于我国市场经济的发展要求，现有的出版中介机构数量和种类还远远不能适应当下需要，一些亟待建立的中介机构没有建立起来,已有的出版中介机构分布不均衡、发展不平衡，经费来源普遍不足，严重限制了出版中介机构的发展规模和发展速度。

（二）出版中介服务机构独立性差，市场主体地位弱。目前我国出版中介服务机构在经营管理上普遍缺乏独立性、自主性，独立开展工作和主动克服困难的能力不够，与政府之间关联较大，带有浓厚的“官办”色彩，不能真正独立地面向社会、面向市场，出版中介的作用难以真正发挥。

（三）出版中介机构自身素质较差，行为不规范。我国出版中介机构大多规模小，经营成本高，工作条件较差，服务项目少，且从业者素质较低，不能适应市场需求。在加入 WTO 之后，涉外企业急需出版中介机构的咨询、审计等中介服务，但我国出版中介机构难以胜任，难以与国际接轨。

（四）诚信缺失。作者与出版中介机构、出版社与出版中介机构、消费者与出版中介机构之间缺乏必要的信任。在出版经纪领域，许多作者出过书，但能与中介人一直保持良好合作关系的不多。

（五）人才缺失。出版中介服务人员需要具备一般编辑的基本素质，关心学术发展趋势，联络学科重要人物，了解同类文化资源的分布与整合，熟悉图书市场及文化动向，组织宣传营销等一系列专业知识。国内具备真正资格和能力的出版中介人才寥寥无几。

（六）制度缺失。目前，国内出版业的市场化和商业化运作还不是很成熟，尚未形成良性的完整的产业链，也还没有正式的各类出版中介服务人员资格的认证制度，这对于培养出版中介人自身的专业化，加强行业自律等都很不利。

第二节 研究意义

随着市场经济体制的建立和完善，中介服务行业在促进资源优化配置，实现生产、交换、分配和消费等社会再生产环节的有效沟通，满足人们不断增长的物质文化需求等诸多方面，日益显现出不可或缺的重要作用。出版中介服务体系作为文化市场服务体系中的重要组成部分，在实现出版企业与市场的有效匹配方面，具有重大意义。我国国家新闻出版署2006年和2009年颁布的《新闻出版总署关于深化出版发行体制改革工作实施方案》和《关于进一步推进新闻出版体制改革的指导意见》等文件彰显了出版管理部门对出版中介服务在出版体制改革中的重要作用的高度重视。同时，在国内外市场需求的背景下和国家政策的推动下，我国出版中介服务活动日趋频繁。但就现阶段而言，我国出版中介服务在发展过程中存在着一些无法回避的问题：如出版中介服务机构主体地位依然有待加强，特别是在出版中介机构和服务管理方面存在着制度建设滞后于行业发展的情况；出版中介服务业发展的模式不明朗；出版中介服务发展保障体系不完善等。与此同时，出版学界对这一课题的研究与关注并不多，缺少理论论证、分析与梳理。据此，本文试图在前人研究成果的基础上，结合国内外出版中介机构发展实践经验，对我国出版中介服务进行系统研究，以期在理论上对我国出版中介服务业的发展尽绵薄之力。

一、理论意义

（一）本课题以社会分工理论、信息不对称理论、交易成本理论及现代文化市场体系理论为基础，构建出版中介服务的理论体系，有利于丰富和完善出版学理论体系，从而丰富现代文化市场体系理论。

（二）出版中介服务行业与文化市场相关的诸多行业，如影视、演出、娱乐等相比，存在突出行业特点，将出版中介服务作为独立于出版产业的服务进行论述，具有一定的理论创新意义。

（三）在提出发展出版中介服务的可行性和必要性的基础上，结合我国出版中介服务发展现状，分析我国出版中介服务模式，从我国出版中介服务平台、评价体系、机构管理及发展保障机制几个方面构建理论体系，有助于我国出版体系的完善。

二、实践意义

指导生产实践的发展是理论的价值所在。出版中介服务体系的理论研究，对于合理配置我国出版资源，构建完善合理的出版产业链，促进图书市场的发展与繁荣，构建完善的出版体系乃至现代文化市场体系都具有重要现实意义。

（一）有利于促进出版资源的合理配置

出版资源是出版产业发展所需的各类要素资源，如人力资源、信息资源和物力资源，出版资源的合理配置是出版产业科学发展的基本前提与重要保障。而出版资源相对于人民群众的需求是有限的，因此合理配置出版资源是拓展出版再生产规模的前提条件。出版中介服务和出版中介机构作为联系出版生产流通和消费的桥梁与纽带，能够在出版市场层面给出版要素资源配置提供一种有效机制，刺激疏导出版要素资源在出版企业内和行业间的合理配置与有效整合，为出版产业的再生产筑基，是现代出版体系的重要组成部分。因此，加强出版中介服务研究对于促进出版资源的合理配置，构建与完善现代出版市场体系具有重要意义。

（二）有利于构建合理的出版产业链

“文化成为产业的重要标志是产业链的形成和中介环节的急剧扩张”，同样的道理，出版业成为产业的重要标志也应该是出版产业链的形成和中介环节的急剧膨胀，一条完善合理的出版产业链应该具备面向市场的全部功能，出版产业链上任何功能的缺失都会影响相应产业的健康发展。我国出版产业由于长期在计划经济体制内运行，造成了产业链“短”而“窄”的特点，出版产业链的价值增值不明显，产业链很多功能都不完备。链接市场与消费者、作者、出版社的中介服务的缺失是市场经济条件下制约我国出版业发展的瓶颈之一，因此，有学者提出将传统出版产业链中的上游企业出版社的创意、策划等部分职能分离出来，成立独立的出版创意、策划企业，由此向上拉伸出版产业链，从而放大整个产业链创造的最终价值。我国出版转企改制的过程中，如果出版中介服务这一功能得不到及时的修复或弥补，出版产业的发展必然受到极大负面影响。因此，加强出版中介服务的系统研究，对我国出版产业链健康发展的意义不可小觑。

（三）有利于我国图书市场的发展

目前，构成出版市场的三大主体是作者、出版者和市场需求，如何有效地将这三大主体的供求信息联系起来，加快图书产业信息流通，促进图书市场可持续发展，一直是业界孜孜探寻的问题。现实情况大多却是出版社和作者对于读者的喜好和要求不甚明了，读者对于出版者新出了哪些图书、是否能够满足自己的喜好和要求也不完全清楚。就目前国内的状况来说，作者和出版者在信息的获取上存在着某些不平衡。由于时间和精力有限，很多作者在写作过程中，大部分时间都倾注于作品创作而较少关注出版市场的相关信息。出版社由于人力资源有限，分工明确，基本没有专门人员从事市场信息收集工作，缺乏畅通的信息来源和渠道。这时，专门为作者、出版社和市场提供信息的出版中介服务刚好能缓解三者间的矛盾，成为他们有效联系的纽带，使得作者、出版者和市场能有效衔接，大大降低供求各方的投入风险，促进我国图书市场的繁荣。

（四）有利于构建完善的现代文化市场体系

文化市场体系是由相互联系的各类文化子市场组成的有机整体，出版子市场体系是其中的重要部分。2006 年，中共中央国务院在《关于深化文化体制改革的若干意见》中明确提出了文化体制改革的目标任务：以发展为主题，以改革为动力，以体制机制创新为重点，形成科学有效的宏观文化管理体制，富有效率的文化生产和服务的微观运行机制，以公有制为主体、多种所有制共同发展的文化产业格局和统一、开放、竞争、有序的现代文化市场体系。作为文化市场体系的重要组成部分，完善的出版市场体系必不可少，而只有建立功能完备的出版行业组织与出版中介机构，才有利于更好地服务于出版市场主体，提高出版文化生产力。中介服务及出版中介机构在出版市场体系中发挥着重要作用，过去由于体制、观念等原因，出版中介服务体系在出版市场中的地位和重要性一直被忽略,而今，是时候改变这种现状了。加强出版中介服务体系研究，对于构建完善现代文化市场体系虽说不是重中之重，但不可或缺。

第三节 国内外研究现状

“中介”活动作为一种媒介活动古已有之，有着悠久的历史。我国古代出现的“掮客”、“拍客”、“牙商”等，就是对从事中介活动的人们的称呼。随着经济的发展和交易活动的增多，人类社会分工的发展决定了“中介”活动的必要性。现今，我国市场经济环境下，从事“中介”活动的主体，已经发展到一个新时期，从业领域扩大和从业方式转变，与古时的“中介”已经不可同日而语。在市场经济和社会分工精细化的今天，出版领域的出版经纪与代理、评估与鉴定、信息咨询等中介服务和中介机构，已然在各个领域中广泛存在，并成为必不可少的组成部分，学者们也开始从不同角度对中介活动和中介机构进行研究。

一、国外相关研究

为了了解国外在出版中介机构和中介服务方面的研究现状，笔者利用 Google Scholar 检索工具、Web of Knowledge 数据库平台、ProQuest 全文数据库等网络数据库，对相关的外文文献进行了检索。考察国外相关文献，发现国外出版中介机构和中介服务业相关制度较为完善，产业发达，自 1880 年以来就有 Gerald Drayson、Adams Albert、Curtis Brown George T.、Bye Barthold Fles、Kurt Hellmer、Morton L.Janklow 等著名文学经纪公司。同时，国外对出版中介的实务操作更为重视，理论研究偏少，对出版中介机构的主要研究成果集中在以下几个方面。

（一）出版中介实务的指导和规范性研究

第一，出版中介行业协会的建设。西方出版业发达国家重视规范和管理文学经纪人的经纪活动，对文学经纪人协会等机构的建设相当重视。如英国的作家协会和作家经纪人协会、美国的作家代表人协会、澳洲的澳大利亚文学经纪人协会等出版行业协会，在市场化过程中形成了一整套相对完善和成熟的运营机制和运作模式。第二，欧美国家每年出版各种作家、经纪人和出版机构的相关指南。具有代表性的是指南性图书和在学术期刊上以广告形式出现的指南。图书性指南如《Literary Agents: The Essential Guide for Writers》《Guide to literary agents（2000）》《Guide to Book Publishers, Editors, and Literary Agents》《ILMP 2005: International Literary Market Place: the directory of the international book publishing industry》《How to Get a Literary Agent》《The Complete Guide to Hiring a Literary Agent: Everything You Need to Know to Become Successfully Published》和《Guide to Literary Agents（2012）》。广告性指南如《Literary Agents》《Decent Company: Conrad, Blackwood's, and the Literary Marketplace》《Literary Agents and Law Firms》等。著作方面有《Negotiating a Book Contract: A Guide for Authors, Agents and Lawyers》，该书主要从文学经纪人的角度论述了国外出版版权合同的条款商议，对于如何有效利用开发作品的附属权给出了建议，指导出版经纪人根据实际情况签订委托合同。这些指南性的成果对于加强出版信息流通，繁荣出版经纪业具有重要

作用。

（二）出版经纪的理论研究

第一，对出版经纪人的批判。英美国家的出版经纪人出现之初受到出版商强烈排挤，后来态度虽有改观，但仍不时有人对出版经纪人提出质疑。第二，对出版经纪发展的研究。Gillies M.A. 在其著作《英国专业化的文学经纪：1880–1920》（2007）中，对英国文学的发展历程进行了梳理；美国佩兹大学的 Schoener L. 在其学位论文《文学经纪：过去、现在与未来》（Literary Agents: Past, Present and Future）（2010）对文化经纪的发展和趋势进行了综合性研究；Dylan Love 在其博客上发文《Here's How Literary Agents Use Technology to Find The Next Great Authors》（2013）阐明文化经纪人利用网络技术寻找大作家是未来的趋势，以及如何利用现代技术来寻找下一代作家。第三，文化经纪的作用与影响研究。Simon S. 认为文化经纪人具有传播文化的功能和能量。Graesser A C, Klettke B. 提出文化代理在文学故事的结构编排上具有和故事情节一样的重要性；Peace A. 称，后现代文化经纪人在贸易方面发挥着重要作用；Spavlik J M. 提出文学经纪人进入数字出版领域的模式；Graesser A C，Klettke B.，Frow J. 在杂志《New Literary History》（2010）上提出文学经纪和出版者、打印机、知识分子处于同等地位的“中间层”；Andringa E. 则从更为狭小的角度——德国流亡文学的传播探讨了文学经纪人的重要作用。

（三）图书会展的实践发展与理论研究

图书会展作为达成版权交易的重要平台和出版合作的形式，发源于中国，发展于国外。如世界影响力最大和最重要的法兰克福书展（Frankfurt Book Fair），据统计在此展上达成的版权交易占世界全年总量的75%以上，从这一数据可见图书会展对图书版权交易的中介促进作用。德国、美国、英国等出版业发达国家的图书会展非常成功，对出版产业发展的助推力巨大。国外关于图书会展的研究主要集中在对图书会展历史、图书会展的作用和影响及图书会展案例研究上。

1. 图书会展的功能与影响力研究

Moeran B. 撰文《The book fair as a tournament of values》（2010）概述了展会的主要功能，提出图书会展是传播本国文化和价值的形式，在国际出版领域的价值竞争和出版领域循环链的形成中具有重要功能。Fonseca Greber B. 从法国教师教育的角度切入阐述图书会展的功能与影响，提出书展是法国教师发现好的教材，获得现实经验，甚至是改变职业生涯的场所。Moeran B. 对书展在创意产业中的价值进行了论证。Chiu C. 的硕士论文《The Role and the Function of International Book Fair》（2003）

提出国际书展不仅是展览出版产品的场所，同时也是进行出版商务和文化交流的理想平台。因此，国际图书博览会对人类文化的互动和改进具有重要的优势。

2. 图书会展案例研究

研究、借鉴国际成功图书会展的举办经验，无论对促进本国的图书会展持续发展，还是提高书展水平，不得不说是一条可取之道。Atwill Y Y, Hickey C D. 在《Area studies librarians and international book fairs: the Hong Kong Book Fair experience》(2003)中，以香港书展为研究对象，从经费、运作方面分析了香港书展的经验，得出通过组织参加书展可以提高专业馆员素养的结论。Tomljanovich I. 介绍了一年一度的华沙国际图书博览会，重点研究了华沙图书会展对于波兰图书馆的益处。Schiffrin A. 和 Song S. 从法兰克福书展得到的启示是：随着数字化过程和产品的跨媒介生产，跨国出版成为现实，出版商必须放弃他们的单向式的生产，而应该采取网络式的出版方式，在接下来的几年里，媒体融合将成为大挑战。Weidhaas P. 的 论 文《The Frankfurt Book Fair: 60 Years and Still a Shining Example》(2009)研究了法兰克福书展如何从一个地区性的图书展览会演变为全球出版商、作家、版权经纪人的全球性图书盛会。Boggs J. 的论文《Theorizing the Frankfurt Book Fair (or: why transaction cost analysis still matters)》（2003）则从经济学的交易成本角度分析了法兰克福书展，认为书展是出版信息交流的平台和媒介，能减少信息不对称性，降低图书交易成本。

3. 图书会展的历史研究

Weidhaas P. 在其撰写的专著《A history of the Frankfurt book fair》（2007）中，对德国法兰克福书展的发展历史和发展背景进行了全面梳理，对国内外出版业的发展具有重大意义。

（四）出版评估与鉴定研究

对于纳入我国出版中介服务体系的出版评估与鉴定的机构和服务研究，西方国家则是纳入专业服务的研究体系之内。搜索相关外文数据库发现，相关研究文献很少，只有两篇研究成果。研究人员为 Lewis J S、Gabbidon S L、Higgins G、Martin F. 等。Lewis J S. 以一个大学的研究图书馆法律与政治科学家协会的成员为调查样本，要求他们评估六十二所学术出版社出版的政治科学书籍的整体质量。Gabbidon S L、Higgins G、Martin F. 等通过调研的方式对犯罪学和刑事司法图书的排行榜进行分析，研究表明，牛津、剑桥、哈佛、芝加哥等大学出版社质量排名相当靠前。另一方面，麦格劳·希尔、圣人等商业学术出版社占据熟悉程度排名的前几位，是学者们未来出版计划的首选。

二、国内相关研究

本文选取中国期刊全文数据库，对出版中介机构相关文献进行检索，再通过读秀图书搜索、书生数字图书馆、超星数字图书馆查找相关图书文献，同时在全国哲学社会科学规划办公室、国家自科基金委、教育部人文社科网等网站了解相关课题立项情况。经笔者阅读分析，认为国内出版中介相关研究主要集中在以几下几个方面。

（一）文化中介服务研究

文化中介是中介的一种形式，政府相关管理文件对中介机构的界定，是研究者对文化中介机构的内涵进行理论探讨的前提。我国出台的相关规定和办法中曾对“中介机构”做出过明确的界定。卫红提出我国除了培养优秀文化人才的战略眼光，同样也需发展对外文化中介机构，健全文化中介机构工作机制，增强与国际知名经纪人或中介机构的合作交流。顾江对南京市文化中介组织发展中面临的问题进行了调查，认为“南京市文化中介机构存在着文化中介组织市场发育水平不高，自身管理体制落后；文化中介服务业从业人员素质偏低，自律机制不够健全管理体制不顺，市场监控有待增强；文化中介服务与社会价值冲突显著，认同力不够”等诸多问题。陈志强提出文化中介机构是文化产品生产、销售和消费之间的组织者与沟通者，是中西文化交流以及中国传统文化走向全球的发展战略的桥梁。

（二）出版中介服务研究

目前，我国学者对出版中介机构进行系统研究的文献较少，从笔者所查阅资料来看，朱建伟的期刊论文《建立出版中介组织的问题与对策》是对我国出版中介进行系统研究的少数论文之一。出版界学者和业界精英对出版中介的研究主要集中在出版经纪和版权代理两方面，对图书会展、出版评估与鉴定、出版信息咨询等出版中介的理论研究相对较少。

1. 出版经纪与代理研究

由于经纪与代理行为存在已久，学者们对于经纪服务和经纪机构也早有关注。出版界对出版经纪与代理的关注和研究主要聚焦在以下几个方面：第一，出版经纪人概念与内涵研究。杜恩龙在《国外的出版经纪人》中提到，出版经纪人就是接受作者的委托，代理作者作品版权及其他出版事宜并由作者发给佣金的中间人，介于作者与出版社、报刊及其他媒体之间。叶新、李雪艳在《文学代理人的五大作用》（2012）中提出“文学代理人（literary agent），也称作家经纪人或出版经纪人，指存在于出版行业中，介于作者与出版社之间，以作者为客户，以佣金为目标，用代理的方式促成版权贸易的个人”①。第二，关于出版经

①叶新，李雪艳．文学代理人的五大作用 [J]. 科技与出版 ,2012(2):15-16.

纪（人）与出版市场关联和价值探讨。出版经纪对出版市场的价值与意义，我国有许多学者进行了探索。孟刚在《像包装明星一样包装作家，我国需要作家经纪人》（2010）中提出“作家经纪人，从作家收益中获取佣金的出版中介行业，不仅改变了作家与出版社的关系，更直接或间接地改变了出版生态”。第三，出版经纪与代理的运营模式研究。邵萍、徐丽芳提出传统的文学经纪人的职责是将书稿的版权通过转让或许可等方式与第三方进行交易，帮助作者实现利益最大化，数字出版产业崛起促使不少文学经纪人走上了创新运营模式的道路。从根本上说，这种模式创新大致可以分为三类。其一，拓展服务项目，收取费用；其二，开展自助出版业务，介入出版环节；其三，协助自助出版，提高佣金水平。第四，出版经纪与代理制度的研究。张洪波的《版权代理：何时长风破浪直挂云帆》和《体制僵化经营不善—我国版权代理制度亟待改革》，姚德权和赵洁的《中国版权代理业的考量和发展》，以及马晓莉的《版权代理制研究》等文章都提及我国出版经纪制度的不完善性。第五，我国出版经纪发展的问题与对策研究。张美娟认为“从目前的版权代理机构数量和市场份额上看，我国版权代理业尚不足以构成出版产业链中的一环，这是制约我国对外版权贸易进一步发展的一个瓶颈”。张志林等提出“当前国内版权代理市场主要症结的根源在于我国还没有建立起成熟的版权代理人机制，在我国对外版权贸易的信息、沟通渠道中，代理商是相对缺位的”。第六，法律视域中的出版经纪与代理研究。用法律来约束和保护版权代理机构，是版权代理市场健康运行的保障。刘文在《浅谈版权代理的几个问题》（1998）一文中对“签订作者或出版社委托代理合同的重要性、依据和原则”进行了阐述。这些研究对于我国出版经纪与代理法律知识的普及和委托合同的签订具有指导意义。第七，国外出版经纪与代理经验研究。他山之石，可以攻玉，国内出版经纪发展滞后，我国业界和学界在向欧美等出版经纪业发达和出版经纪制度较为完善的国家学习、借鉴上，做出了很多努力，并形成了相关研究成果，这些成果对我国出版经纪的发展具有重要理论价值。许欢的《欧美出版经纪业的特点及发展趋势》（2003），刘永红的《西方出版经纪业鸟瞰》（2003），魏龙泉的《美国著作经纪人“生财之道”》（2003），夏红军的《 西方出版经纪人发展现状初探》（2006）等论文都对欧美出版经纪人的发展经验和特点作了全面介绍。

2. 图书会展研究

图书会展是出版中介机构通过会展这一平台提供出版中介服务的形式，我国目前对图书会展的研究主要集中在国际图书会展发展的经验和版权贸易等视角，较少从中介服务的角度来研究图书会展在出版产业中的意义。夏卡莉提出国际书展是开展对外图书版权贸易的有效手段，重点介绍了五个典型的具有影响力的国际书展。毛小红、陈晓阳、廖斌国、宋应离、李瑞、于青、张洪、申作宏等都对国内外图书会展的经验进行了总结与借鉴。

3. 出版评估与鉴定研究

出版中介机构对出版机构的评估和对出版从业人员的职业技能鉴定的结果是以市场为导向，是优化出版资源配置的重要依据。这方面的研究成果主要集中在对出版评估制度的解读和评估体系的构建。江越认为国家新闻出版署报纸出版评估论证制度有利于盘整出版资源。闫志宏、苑再思、王坤宁、朱胜龙等提出对出版单位实行等级评估是适应市场、助推出版单位创新的重要手段。黄先蓉等人对1979−2002 年我国出台的促进出版业发展的政策产生的影响和绩效进行了合理评估，视角新颖。这些研究成果表明，我国出版界开始重视出版评估研究，但是对于由谁来评估，如何保障评估的市场性导向、公平性等问题关注较少。

4. 出版咨询研究

咨询业作为产业发展的“外脑”，不但可以缩短教育用户的过程，而且有利于行业内部资源的有效配置。有些专门服务于出版产业的出版咨询服务机构投入到出版咨询事业当中，其中不乏有一定影响力和知名度的出版咨询公司。刘海燕对出版咨询的研究较早，其学位论文对我国出版咨询存在的问题进行了整体梳理。刘认为我国出版咨询存在“服务形式单一，出版咨询服务机构地位的从属性，服务对象的单一，无法形成规模优势”等问题，并根据我国出版咨询现状构建了我国出版咨询的主要服务对象、服务内容和服务形式。

梳理国内研究发现，对出版中介机构和中介服务的研究主要成果是期刊论文，研究主题重点聚焦于出版经纪中介服务。从相关文献的分布来看，对出版咨询、出版评估与鉴定的研究力度还有待加强。另外，我国对出版中介服务的研究尚没有相关理论专著。总体而言，当前出版市场体系建设中出版中介服务存在的问题与不足是本课题提出的现实动因。系统考察后，本研究认为出版中介服务涉及出版中介服务模式、出版中介服务平台、出版中介服务机构、出版中介服务评价、出版中介服务发展保障各相关要素。同时有必要将出版经纪与代理、出版评估与鉴定、图书会展、信息咨询等，纳入出版中介服务模式体系内进行系统的深入研究。

第四节 研究对象及研究对象的特点

一、研究对象

本研究以出版中介服务为研究对象，关于“出版中介服务”概念的理论界定将在第二章中详细阐释。这里主要阐明本研究所提出的“出版中介服务”的研究内容是什么，具体有哪些特点。

二、研究对象的特点

（一）研究对象的独特性

中介服务包括营利性的市场中介服务和非营利性社会中介服务。这里的独特性主要指两个方面。第一，本专著研究的出版中介服务是在出版经济活动中靠提供中介服务营利的服务活动（也包括一般社会中介组织所开展的营利性中介服务），而一般社会中介组织开展的非营利性的中介服务不在本研究的范畴；第二，本专著研究出版中介服务，不包括图书产品销售和售后服务，也不包括计算机软件与信息服务过程及外包服务。正因如此，本专著的研究对象具有独特性。

（二）研究对象的多维性

随着出版产业的转企改制，出版业开始面向市场纵深发展，出版市场对中介服务要求日益多样化、多层次。市场不仅需要出版经纪与代理服务、图书展销服务和出版咨询服务，而且还需出版评估与鉴定服务。同时，出版中介服务不仅涉及具体的服务模式，还包括对出版中介服务进行管理与规范、中介服务平台、中介服务评估和中介服务保障等。

（三）研究对象的交错性

出版中介服务这一研究对象的独特性，是相对于社会中介服务的非营利性而言的。但是，在实际的出版经济活动中，有时候出版中介机构提供的可能是兼具直接性和中介性的中介服务。如出版咨询公司，可能既提供技术服务，又提供咨询、经纪和代理等中介服务。这在一定程度上增加了研究的难度。

第五节 研究路线与研究方法

一、研究思路

本文以“是什么——为什么”的思路，系统阐释我国出版中介服务的管理模式、服务模式、服务平台、服务评价以及服务保障等出版中介服务系统，为出版中介服务的发展与管理提供科学理论依据。

本文首先是提出出版中介服务发展的政策与理论依据，分析发展出版中介机构的必要性和可行性；其次对我国出版中介服务体系中的出版各要素（出版中介服务模式、服务平台、服务评价、服务机构、服务保障等）进行详细阐释。

二、研究方法

在具体的研究中，本研究采用的主要研究方法如下。

（一）文献调研法

充分利用数据库文献、电子文献及网络文献，对国内外相关研究成果进行较为系统的梳理，分析现有研究的现状与不足。中文数据库主要利用 CNKI 的中国期刊全文数据库、中国社会科学引文索引以及中国优秀博硕士论文学位论文全文数据库三个子数据库。外文数据库主要利用谷歌学术搜索引擎、ProQuest 全文数据库、LISAPROQUEST(ARL)、EBSCO 等数据库，了解相关理论研究与实践进展。

（二）典型案例法

通过对国内外有代表性的出版中介服务发展实例进行介绍和剖析，借鉴西方国家出版中介机构和出版中介服务的发展经验，结合我国出版中介机构发展的不足，对我国出版中介服务模式进行优化。

（三）系统分析法

对出版中介服务模式、服务平台、服务机构管理、服务评价、服务保障等一系列相互关联的因素进行分析和探讨，形成出版中介服务研究的完整体系。

（四）比较分析法

对四种出版中介服务模式的发展、特点、意义等方面进行比较分析研究，和国外的出版中介服务模式及出版中介服务机构进行比较分析，然后对每种出版中介服务模式进行优化。

三、逻辑结构

以出版中介服务发展背景为依托，基于出版中介服务基本理论，系统阐释出版中介服务模式、服务平台、服务评价、出版中介服务的管理及服务保障等出版中介服务系统各要素,为发展我国出版中介服务提供理论指导和依据。

第一，本研究的选题背景与意义、国内外研究现状、研究路线与研究方法、研究创新点等。

第二，出版中介机构的相关理论，主要包括三个部分，即出版中介机构的相关概念界定，我国出版中介服务发展的理论基础，我国出版中介服务发展的必要性和可行性。

第三，分别就出版中介服务发展的政策和理论进行探讨，提出出版经纪与代理、图书会展、出版评估与鉴定、出版信息咨询四类主要的中介服务模式。

第四，出版中介服务平台建设阐释，包括出版中介服务平台建设的理论分析和出版中介服务网络平台建设的总体目标及功能结构构建。

第五，着眼于出版产业中介服务的特殊性，构建具有可操作性、适用性并且具有一定科学性的出版中介评价体系。

第六，出版中介服务管理体系分析，将出版中介服务管理体系分为出版中介服务行政管理，出版中介服务法规管理，出版中介服务行业管理三个层次。

第七，出版中介服务发展的保障体系，主要包括出版中介服务发展的环境保障机制、动力保障机制、诚信保障机制、人才保障机制。

第二章 出版中介服务基础理论

对出版中介服务的解读与理论研究是本研究的逻辑起点，也是研究出版中介服务的基础。本章主要按照“中介—中介机构—中介服务—出版中介服务”的层次，在文献综合与归纳的基础上，阐述出版中介服务的相关概念和基础理论。这是本研究区别于其他研究的突出特色。

第一节 出版中介服务的相关概念

一、中介的概述

（一）中介的定义

按照《辞海》的解释，中介是在不同事物或同一事物内部对立两极之间起居间联系作用的环节。《现代汉语词典》解释中介一词的含义是“作介绍而使双方发生关系的人或事物”，这其中的使动意义恰好是中介的职责所在，也是判定中介不同于其他连接事物的关键点，以此来区别于中间一词。有些学者在研究中提出中介既可以指中介机构，也可以指中介服务。

（二）中介的特征

中介的特征主要体现在以下几个方面：

1. 居中性。中介是在不同事物或同一事物内部对立两极之间起居间联系作用的环节,居中性是中介存在的特点，是对中介活动基本存在关系的定位。

2. 服务性。由中介活动内容决定。中介一般不直接从事生产制造或研发创新活动，而只是依靠自身掌握的大量信息资源、专业的评判技术、独特的社会关系、良好的社会声誉等无形资产，为具体从事“有形工作”的各方或者管理活动等提供决策咨询、评鉴、协调、促进等服务支持。

3. 使动性。中介的核心特征，也是其存在的基本价值。中介就是通过自身的活动和优势，促成彼此事务间的联系和相互获取对方资源，实现非中介状态下的更大价值或利益。

4. 信息性。中介的最大优势，也是市场经济社会中，中介及其活动的核心资源。从市场交易成本理论来看，中介就是信息的集大成者，能够加快信息融通，使信息成为生成力或生产效益。

5. 互益性。中介活动是为了各方商业利益或社会效益的最大化，增加各参与者的获益质量，参与方和中介服务提供方均能从中获益。

（三）中介的功能

中介的产生适应了经济发展的实际需求，对社会和经济的发展具有以下功能：

1. 联系桥梁。中介联系着上下两端，通过中介的有效链接，能加快社会中没有联系却有联系需求的各方之间的沟通，加快信息交流。

2. 居间过渡。中介处于链接各方的中间位置，即居间性。但是它不是静态存在的，而是周旋于多方之间，从而加快各方的信息交流。

3. 创新深化。中介并不只是一般的信息传递者，他们还会根据自身掌握的丰富信息素材，进行分析和深度挖掘，组成新的信息，以便被另一方更好的识别与接收。

4. 缓冲减压。中介能够缓和上下游关系，降低上下游因为直接沟通可能爆发冲突的风险。通过中介的斡旋，可以减少各方直面压力的情况，为解决问题提供一定的缓冲。

5. 指导实践。中介一般不直接参与生成实践，但能起到指导实践和深入实践的作用。

6. 平台服务。中介可以为互不熟知的主体提供一个可靠的信息交流渠道与简单的附加服务，实现多方共赢，降低风险和交易成本。

二、中介服务及中介机构概述

出版中介服务在本研究中的定义是出版中介机构为委托方提供的各项服务，因此，对中介服务及中介机构进行综合分析是研究的必要前提。

（一）中介服务的定义与特征

中介机构研究是近年来社会学研究的领域之一。目前，中介机构的定义尚未统一。中介机构或中介组织是一个中国式的提法和概念，学术界也尚无严格定义。组织和机构一定程度上可以通用，有组织就有相应的机构，有机构就有相应的组织。但从严格的意义上来说，机构与组织又并不完全等同。组织包括群体和单位，而机构是指某个具体的单位，它从属于某个相关的组织。

中介组织和中介机构最早在 1993 年党第十四届四中全会通过的《中共中央关于建立社会主义市场经济体制若干问题的决定》中提出："发展市场中介组织，发挥其服务、沟通、公证、监督作用，当前要着重发展会计师、审计师和律师事务所，公证和仲裁机构，计量和质量检验认证机构，信息咨询机构，资产和资信评估机构等。"1999 年 12 月 12 日，财政部在《中介服务收费管理办法》第三条中对中介机构做出以下界定："本办法所称的中介机构是指依法通过专业知识和技术服务，向委托人提供公正性、代理性、信息技术服务性等中介服务的机构。”

2003 年第十六届三中全会通过的《中共中央关于完善社会主义市场经济体制若干问题的决定》中提出：“积极发展独立公正、规范运作的专业化市场中介服务机构，按照市场化原则规范和发展各类行业协会、商会的自律性组织。”

我国早期对中介组织的研究，主要集中在社会学领域，源于国家现实政策的需要及相关理论和观念的演化。对中介组织界定具有代表性的观点主要有以下几种：

1. 中介组织是指依法设立并按一定宗旨和系统建立起来的，具有承担资产评估、资质认证、职业介绍和法律咨询等专业化服务职责的集合体。

2. 中介组织可以描述为是个正式建立起来的团体，它的建立主要是加强政府部门与独立组织的联系，以完成一种特殊的公共目的。

3. 中介组织指的是介于政府和企业之间，商品生产者与经营者之间，以及个人与单位之间，那些从事服务、协调、评估等活动的组织。

这一时期，学者们的重点关注是中介组织的社会职能。因此，社会中介组织的概念中没有包含具有市场调节功能以及市场化运行的市场中介组织，中介组织主要是指联系政府和企业的各种行业协会和团体。随着经济发展与研究深入，为市场和企业提供中介服务以获利的商业性中介组织广泛出现，很多学者根据其与社会中介组织职能上的区别，称之为市场中介组织，并提出“市场中介组织”的概念。

市场中介服务机构，是指在市场经济活动中，以独立的第三方接收委托，起桥梁或居间的联系作用，运用专业化知识开展智力性服务的机构。市场中介组织的产生和发展与经济的市场化取向密切相关，随着市场经济的成熟而发展壮大，为社会发展的需要提供专业服务，并获得经济利润。而社会中介组织是社会结构分化的产物，主要从事社会活动，充当利益或志趣相同或相近的组织、群体的中介，自身没有特殊利益，收入来源主要不是经营所得，在活动中也不以营利为目的。这里的社会中介组织更接近美国、日本、英国对行业协会的定义：“一些为达到共同目标而自愿组织起来的同行或商人团体，介于企业和政府之间的非营利性组织。”本研究认为中介机构包括社会中介机构（各种行业协会和社会团体）和市场中介机构。

而具体的中介活动过程，就牵涉到中介人与委托方签约，搜集、发布和传递信息，寻找委托方合作者，帮助双方完成签约并获取报酬等活动。形如这种中介人、经纪人组成的，主要职责为履行中介活动的组织就称为中介机构，中介机构为委托方提供的服务称为中介服务。一般意义上讲，中介服务指由中间人居间帮助发生某种关系的双方达成某项协议的活动。

综上分析，本研究对市场中介服务做出如下定义：市场中介服务是市场中介机构在市场经济活动中，主要以营利为目的，运用相关专业知识和技能，开展各项服务活动的总称。

（二）中介机构的分类

根据不同的分类标准，中介机构有不同的分类。目前较为广泛的分类方法是根据中介机构的活动目标、活动领域和基本职能将其划分为市场中介机构和社会中介机构，这里的市场是相对于社会的非营利性而言的。本书的研究对象为市场中介机构，具有营利性、经营性，属于工商管理研究范畴。

三、出版中介服务概述

（一）文化中介机构

“一般来讲，文化中介机构是指在文化经济市场中，为进行文化产品生产和服务交易的双方提供信息、促成交易而收取报酬的文化服务机构。”[①]涉及文化信息、文化产品、文化人才、文化生产传播的资料、设备和技术等文化市场要素，从事文化的策划、居间、行纪、代理、咨询、

---

①刘金祥．社会文化服务体系中的中介组织[N].中国社会科学报,2011-11-29(017).

出租等经纪活动。由自然人、法人取得必要的文化经纪资格证书，经工商行政管理部门注册登记并领取文化中介机构营业执照，而成为文化市场的经营性主体。

焦斌龙在《光明日报》上提出："文化中介机构是连接文化产业生产、流通和消费诸环节的服务性组织，是沟通政府、文化企事业单位、消费者和市场之间的桥梁和纽带"。

基于《辞海》对中介机构的解释，及我国相关行政文件的规定与《光明日报》等媒体的公开解读，本文认为文化中介服务是指在文化经济市场中，为进行文化产品生产和服务交易的双方提供信息、促成交易而收取报酬的文化服务活动。文化中介机构是指在文化经济市场中，为进行文化产品生产和服务交易的双方提供信息、促成交易而收取报酬的文化服务机构。

（二）出版中介机构及中介服务

鉴于出版中介机构是文化中介机构的一部分，并结合文化中介机构的概念，本研究得出以下结论。出版中介机构是指在出版行业中，主要（兼营）为出版物的生产和服务交易双方提供信息，促成交易的经纪与代理，提供信息咨询，进行评估与鉴定等中介服务活动，经工商行政管理部门注册登记并领取出版中介机构营业执照的出版市场经营性主体。

出版中介机构提供的相关服务活动为出版中介服务，具体包括作家经纪、版权代理、选题策划、图书会展、出版要素交易、出版单位评估、出版物评估、出版从业人员技能鉴定、出版要素评估、代管版税等。

综上，本研究认为，出版中介机构包含出版市场中介机构和出版社会中介机构（行业协会等）。本研究主要以为出版生产的需要提供多样化专业服务和获取赢利为目的的出版市场中介服务为研究对象。社会中介机构从事的面向市场的赢利性中介服务活动，也涵盖在本专著研究范畴之内。

（三）出版中介机构的属性

1. 出版中介机构是独立的市场经营主体

出版中介机构的财产、经费不受制于其他单位和个人，而同一般企业一样，自主经营、自负盈亏、自担风险，经费的使用必须由中介机构自身来决定，按其自身的目的与需要进行合理支配。这些中介机构不受任何单位与组织的干预和影响，依法自愿成立，独立承接业务，人员大多实行聘任制。

2. 为出版产品和出版服务交易双方充当中介

出版中介机构提供的服务与一般性的服务不同，出版中介机构作为经营主体，既不是出版产品的生产者，也不是文化商品的购买者。所提供的不是物，而是服务行为本身，体现的是利益关系，包括居间、行纪、代理等服务内容。在整个交易过程中，出版中介机构也不是经纪活动的交易双方之一，仅充当促成出版产品和服务产品交易的媒介。尽管如此，出版中介活动仍是出版经济市场中一种不可或缺的机制，它直接引发、撮合、促使某项出版交易活动的进行和完成，在出版活动与市场中起到了架设桥梁的作用。

3. 以佣金和服务报酬为主要经济收入

作为一种国际惯例，中介机构的主要收入是服务报酬或佣金，它通常由委托方承担，并在相关合同中明确规定。随着当代文化中介活动和出版中介活动范围的扩大，中介活动的开支也与日俱增，用传统的单项佣金已经无法准确地反应出版中介活动的实际支出，而这些经纪费用有时又直接会影响到出版中介活动的成败，或损害到现有的佣金比率额度。因此，要为出版中介活动的成本费用制定适当行业规则，从而使出版中介活动在文化市场中切实树起独立的市场主体地位。

4. 涉及出版中介机构与委托的第三方

中介机构提供中介服务的核心目的是在于通过中介人的劳动，促使委托人与第三方进行交易。出版中介机构的目的则主要是通过出版中介机构提供的中介服务，周旋于委托人与第三方之间，为双方提供合作机会，充当合作媒介，或是以委托人的名义代其与第三方签订合同，或是以自己的名义与第三方签订交易合同。总之，出版中介机构往往会涉及委托方以外的第三方，否则就无法构成中介机构的成立要件，这是由中介机构的内在性质所决定的。

（四）出版中介服务的类型

出版中介机构提供的相关服务活动为出版中介服务。根据我国出版中介机构提供的中介服务性质，结合相关文件内容，可将出版中介机构提供的中介服务分为以下几种类型。随着我国文化产业和出版产业的发展，应着重引导和培养以下几类专业化、高水平的出版中介服务。

1. 经纪、代理类服务。经纪代理服务公司是出版单位和著作者之间的纽带，包括以委托代理的形式为著作人寻找最佳出版单位，为出版单位代理版权，促进中外版权贸易等。

2. 鉴定、评估类服务。这类中介服务行为具有独立、客观、公正等特征。主要业务范围包括出版资产评价、安全评价、资质评价、从业人员技能鉴定等。

3. 交易、会展类服务。主要是为出版要素的流通提供各种交易平台，如版权交易所、图书会展等。

4. 信息技术咨询类服务。主要为出版单位提供市场调研、预测、出版发展战略研究等方面的咨询服务。如图书策划工作室、文化传播公司及信息咨询公司等提供的中介服务。

出版中介服务的本质是居间性，出版中介在整个中介服务过程中，不直接从事物质产品的生产与经营活动，而是以自身拥有的专业知识、信息、创造的交易工具，规范地为交易双方提供中介服务，协调交易各方的关系，减低交易费用，充当作者、出版社和消费者之间中介服务的角色，并通过中介服务取得的报酬作为自身存在和发展的物质基础。

第二节 出版中介服务的理论基础

中介服务是随着专业化分工、市场交易活动频繁，为了降低交易成本和减少交易中的信息不对称而出现的一种制度安排，是一种具有很强理论性与实践性的活动，出版中介服务的出现亦是如此。同时，专业化分工理论、信息不对称理论、交易成本理论等理论自身的发展，又为中介服务及中介机构的发展提供了有力理论支撑。

一、专业化分工理论

以亚当 · 斯密为代表的经济学家认为，随着社会发展，劳动分工的重要性日益凸显，对于提高生产效率和增加国民经济收入具有非常重要的作用。专业化的社会劳动使劳动者在有些方面的劳动技能得到极大提高，从而大大节约劳动时间，提供劳动生产效率。在现代市场经济体系下，随着专业化分工的进一步深化，市场交易频率和交易成本也在不断增加，市场中介作为企业间分工的市场中间组织形式，通过协调、服务提高市场交易效率，降低市场边际交易成本，从而实现企业的报酬递增。出版企业间和企业内的社会分工是出版中介机构产生的理论依据。反之，随着出版产业的发展，企业间的分工更加细化和专业化，分工与协作使得劳动者的技能更加熟练和完善，又进一步提高了出版企业的生产能力，使得出版中介机构本身随着社会分工再一次得到提升。但是，从市场中介的产生机理上说，它在本质上还是市场上的交易主体（如企业）为了减少交易成本，以中介组织内部的监督、管理的成本代替企业间经常反复出现的谈判、缔约交易成本，这也使得市场中介与一般意义上的非营利组织或者公益慈善组织有着根本的差别。

二、信息不对称理论

信息不对称理论是由美国的三位经济学家，乔治·阿克尔洛夫、迈克尔·斯宾塞和约瑟夫·斯蒂格利茨在 20 世纪 70 年代提出的经济学理论，因为该理论的提出，三位经济学家荣膺 2001 年的诺贝尔经济学大奖。信息不对称理论认为："在市场经济活动中，各类人员对有关信息的了解是有差异的；掌握信息比较充分的人员，往往处于比较有利的地位，而信息贫乏的人员，则处于比较不利的地位。市场经济活动中，市场中卖方比买方更了解有关商品的各种信息；掌握更多信息的一方可以通过向信息贫乏的一方传递可靠信息而在市场中获益；买卖双方中拥有信息较少的一方会努力从另一方获取信息；市场信号显示在一定程度上可以弥补信息不对称的问题。"①

由于信息的不对称，交易者趋向规避风险，致使交易中的信任关系不能有效建立，无法达到最优状态。在这种情况下，市场倾向于引入新的制度安排。市场中介服务，便是解决市场信息不对称的有效制度安排之一。信息不对称的现象在出版生产过程中比比皆是，如作家与出版者之间，出版市场与出版社之间，版权输出与引入者之间，作者的市场价值和出版社之间，以上交易的双方所了解和掌握的信息都是不对等的。为了协调和互通出版各方的信息，专门为出版生产主体间提供信息的出版中介服务出现了。

三、交易成本理论

1937 年科斯在《企业的性质》一文中提出了交易成

①张维迎．博弈论与信息经济学 [M]. 上海：三联书店，1996(08):419.

本的概念，他突破了新古典经济学的观点，认为市场机制的运行是有成本的，企业要想通过市场获取所需要的精准信息就必须付出成本——市场交易费用。另一方面，企业内部的运行同样存在一定的管理成本。当企业的内部管理成本小于市场交易费用时，企业选择内部生产；当企业的内部管理成本随着企业规模的不断扩大而越来越高，直至超过市场交易费用时，企业则选择通过市场交易获取资源，这就是企业边界的形成。这里所指的交易费用是用于策划、签约及履行合同的费用支出，它包括信息成本、监督成本、对策成本等。

新制度经济学认为交易成本理论是中介服务业发展的基础。在市场经济环境下，市场运作的效率与效益在很大程度上与其本身所获得的市场信息的数量和可靠度息息相关。而市场的不确定性增加了机会主义行为的可能性，交易成本增大，交易效率降低。由供求双方亲自完成一切经营活动、实施所有的商务手续和法律行为，已经变得几近不可能也没有必要。在这个时候，拥有信息与专业优势的第三方服务的出现成为市场需求，即专门为企业收集、整理和发布有关信息获得经济利益，成为交易双方之间纽带的中介服务。专业性的中介服务机构一般拥有专门的技术与服务人员为企业提供专业的中介服务，作为第三方为市场主体服务，提高交易效率，降低双方交易成本，解决交易成本过高导致交易无法完成等问题。中介服务机构在助推社会生产力的同时，自身也得到了相应发展，成为市场体系的重要组成部分。

18 世纪以来，随着市场经济的逐步完善和社会专业化程度的提高，生产成本不断降低。同时，伴随分工细化程度的加深，交换频率的增加，交易费用也必然增多。这种情况下,降低交易成本要求某种组织制度的形成和创新，各种中介服务机构就是在这种信息不对称和分工日益深化的过程中，为降低企业交易成本提供信息服务的一种组织制度安排与创新，其最主要功能在于为交易双方提供中介服务，以便降低交易成本，特别是信息处理成本。中介服务机构是社会分工细化的结果，在分工形成过程中，它起到了节约交易费用的作用。下面用一个简单的图表来展示节约交易成本的过程：

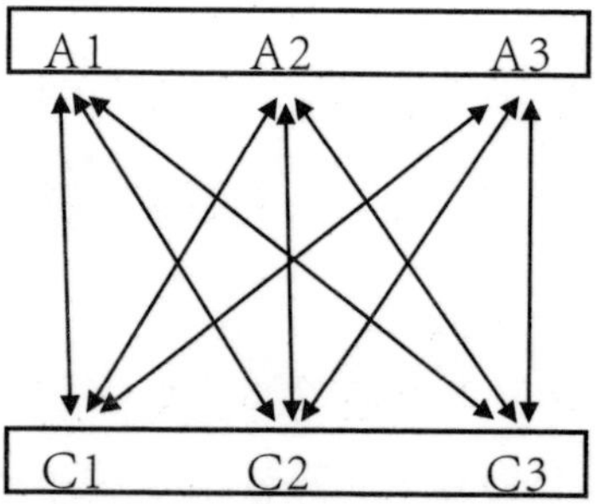

图 2-2 无中介机构参与交易的交易过程

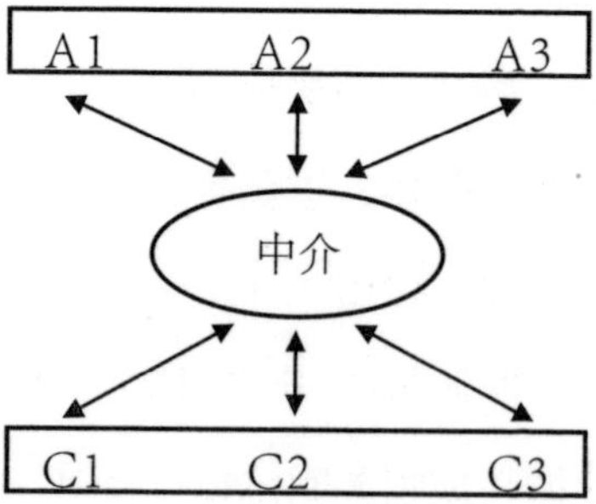

图 2-3 中介机构参与交易的交易过程

不同的出版中介服务机构从事的具体中介服务虽然不同，但本质上都是利用自身的规模优势和专业优势减低双方的交易成本。例如，出版信息咨询公司的出版中介服务主要是帮助客户节约交易过程中介的搜寻成本，鉴定、评估类出版中介服务有助于节约监督成本，经纪代理类出版中介服务则主要是为客户节约谈判成本。

四、现代文化市场体系理论

现代文化市场体系，是指文化产品市场、文化服务市场和各文化要素市场在相互联系和相互作用中形成的文化市场有机整体。文化市场体系是一个开放的系统，随着环境和条件变化，文化市场体系不断完善与发展，并形成与经济水平适应的状态。构建现代文化市场体系，既是深化文化体制改革的必然要求，也是文化市场健康繁荣发展的根本保证。健全现代文化市场体系，对于合理配置文化资源、科学调节文化生产、大力促进文化消费及广泛参与国际文化合作，进而促进文化产业发展等方面，有着重大意义与深远价值。

2009 年 7 月，国务院常务会议审议通过的《文化产业振兴规划》明确指出，“市场在文化资源配置中的基础性作用得到更好的发挥，文化产品和生产要素合理流动，城乡文化市场进一步发展，现代流通组织和流通形式逐步成为文化流通领域的主要力量，文化消费领域不断拓展，在城乡居民消费结构中的比重明显增加”。2011 年 10 月，中国共产党第十七届六中全会上的报告将健全现代文化市场体系作为“进一步深化改革开放，加快构建有利于文化繁荣发展的体制机制”的基本内容。《中共中央关于深化文化体制改革推动社会主义文化大发展大繁荣若干重大问题的决定》指出，“促进文化产品和要素在全国范围内合理流动，必须构建统一开放竞争有序的现代文化市场体系”。现代文化市场体系理论形成是研究出版中介服务的重要理论基础。

第三节
我国出版中介服务的必要性与可行性

现代市场经济中，出版企业不可能也没有必要参与到图书出版生产流程的所有环节，而是应该专注于发展自身的核心竞争力，提高参与市场竞争的优势。一个成熟的出版市场，创作者、中介公司和出版者应各司其职，分工明确。出版中介服务是出版产业化的基本要求，也是大力发展出版产业的必然结果，是衡量一个国家出版产业繁荣与发展的重要尺度。然而，与英美等文化产业发达的国家相比，我国出版中介服务业在发展程度和发展水平等方面存在明显不足，远远不能承担其应有的职能。因此，繁荣发展文化出版产业，有必要促进出版中介服务的发展，从长远来看，出版中介服务业的发展也确实具有其可行性。

一、出版中介服务的功能与价值

出版中介服务的功能和价值可以归纳为经济功能和社会功能。经济功能主要表现为节约成本、合理配置资源、增加效益，社会功能主要表现为满足人民群众对图书等精神产品的需求及推进中华文化“走出去”。

（一）经济功能

1. 降低图书的出版成本

术业有专攻，出版社的工作主要是做好其核心业务，而作者的主要任务是研究和创作。如何选择合适的出版者、如何操作出版事项、如何保障作品的顺利出版等，往往这些与作品出版相关的事务都不是作者的强项。欧美、日本等国外文化创意产业的高度发展，与其前期相对成熟的文化产业分工专业化、精细化不无关系。高素质的出版中介机构与经纪服务活动可以帮助各出版经营主体改善信息状况、降低交易成本，特别是信息成本，从而节约社会劳动，降低企业总体生产成本，提高出版企业在市场中的竞争能力。更进一步，可以引导出版物消费，培育消费群体。作为出版市场的经营性主体，出版中介服务直接面向广大文化消费者，专业的文化经纪知识与职业的中介服务实践，能够较为准确地了解出版市场需求，及时地把握出版物消费动向。已有过出书经验的阿来、王朔等作家都表达过需要经纪人的意愿。为了专心创作和研究，作者没有多余精力去运作出版事宜，此时，出版中介服务及经纪人的作用就体现出来了。作者可以将有关作品的出版事务委托给中介服务机构和出版经纪人来打理，出版中介服务机构利用其经验和能力代替作者寻找合适的出版者，直接减少了作者用于联系、谈判等事宜的时间成本。出版经纪人与众多出版者有广泛联系，互相比较熟悉甚至比较信任，不会因为怀疑而导致监督成本增加。同时，由于双方对市场的变化走势预期容易达成共识,订议合同时可以降低议价成本，交易难度减少，实则是降低了交易成本。

2. 发掘优质的出版资源

出版资源是出版产品形成过程中可利用的人才资源、信息资源和物质资源总和。随着我国出版市场竞争的日益加剧，为了形成自身的核心竞争能力，优质的作者、经过加工整理分析的市场信息资源、优秀作品的版权等优质出版资源，都是出版者在出版活动中极力争取的。出版者被动地从来稿中发现作品的局面已经改变，当前他们更多是从市场中寻找出版资源。出版中介服务机构有着广泛社会资源和畅通信息网络的出版经纪人，在发现优秀作品、挖掘作者资源、引导作品创作等方面，有着不可低估的能量。他们成了出版者重要的资源提供商，依靠敏锐的市场洞察力和反应力，运用各种灵活手段和创新运作模式，推出契合市场需求的出版物，丰富和繁荣了出版市场。许多主流大型出版社的相当一部分选题，来源于出版中介服务机构提供的选题策划服务。这些出版中介服务机构具备较高水平的市场把握能力、作品分辨力和人才鉴赏力。一方面，能够对既有文稿进行有效甄别，判断稿件的潜在价值，尤其是能够顺势而为，根据市场的热点、兴奋点、关注点，及时组织相关作品；另一方面，寻找并积极打造出有创作潜力的人才，尤其是一些创新型人才，让他们成为社会的明星或名家，通过名人效应创造产品效应，客观上挖掘和培育了时代所需要的作者群体。

3. 协调出版市场的信息不对称

构成出版市场的三大主体是作者、出版者和市场需求。目前国内出版业存在这样一个问题，即出版社和作者对读者喜欢什么样的图书、希望购买什么样的图书等信息不甚明了，而读者对于出版者新出了哪些图书、是否够满足自己的喜好和要求也不清楚，这就是出版者与读者（市场需求）之间的信息不对称。事实上，对于图书商品的消费者——读者来说，图书不同于一般的消费品，读者在阅读图书时既付出了经济成本，也付出了时间成本，图书信息的不对称会使读者逐渐减少阅读兴趣，这对于竞争日益激烈的图书市场来说，无异于雪上加霜。理论上讲，作者了解市场与出版者的需求、出版者能够掌握市场走向和作者的创作特点、市场信息能够及时地反映给出版者和作者，这应该是我们理想中的市场联动模式。然而，就目前国内状况来看，作者和出版者在信息的获取上仍然存在着不平衡。

出版中介服务和出版经纪人的存在可以协调这种不平衡。出版中介服务机构的专业服务，能在作者、出版者之间架起一座信息桥梁，将来市场信息及时有效地传递给作者和出版者，作为三者的纽带，及时加强三方的信息沟通与传递，使得作者、出版者、市场能有效连接，从而大幅降低供求各方的投入风险，减少因为信息缺失、不均衡而导致的利益主体的权益损失和法律纠纷。

4. 优化出版资源的合理配置

出版资源是出版生产的基础条件，是人们从事出版生产、出版活动所必需的可利用的各种资源，它包括文本要素、资本要素、设备要素、技术要素、人才要素等。出版资源相对于人民群众的需求是有限的，合理配置出版文化资源是拓展出版文化再生产规模的前提。出版中介服务能够在出版市场层面给出版资源配置提供一种有效机制，刺激、疏导出版资源在出版企业内和行业间的合理配置和有效整合，从而为出版业扩大再生产打下基础。

出版中介服务有利于促进出版要素的合理配置，为出版市场可持续发展提供资源支撑。构建一个完整成熟的出版市场，理应包括出版人才、资金、技术、产权、版权等诸多出版要素。倘若缺乏这些要素资源的持续供给，我国出版产业发展则难以想见。毫无疑问，出版企业内部的体制性改革及其企业资源的战略性重组，是实现出版资源要素合理配置的重要途径。但同时，出版中介服务机构作为出版市场的重要中介平台，为出版企业的要素配置提供了一种便捷机制，加速了我国出版资源要素合理配置，为进一步繁荣我国社会主义出版事业夯实基础。

（二）社会功能

1. 推进中华文化“走出去”

出版“走出去”是我国文化“走出去”的重要战略步骤，我国从“十一五”实施出版“走出去”战略以来，图书版权贸易逆差逐渐缩小。同时必须承认，我国文化“走出去”目前仍然处在一个较低层次。造成这种情况的一个重要原因是国内出版社大多不具备走出去的条件，十个里面有九个基础薄弱、效率低下，缺乏实力雄厚的大社和强社，中国文化“走出去”，显然已经成为新时期我国出版业的一项艰巨工程。而版权中介服务在促进我国出版业“走出去”方面能发挥不可磨灭的作用，这些中介机构或经纪人往往熟悉国际市场，拥有很强的国际运作实力，并与国际知名出版传媒公司、投资公司、经纪公司等拥有良好的合作关系。

2008 年《于丹〈论语〉心得》一书在进行版权输出时，中华书局聘请了代理公司全权负责与海外各大出版社的联络和宣传推广，成效显著。《狼图腾》一书的版权输出，虽没有借助专门的版权代理公司，但该书的编辑、策划人员所做的工作也相当于版权代理公司的运作：他们首先用地道的英文写好推销文案，分析所要面对的图书市场和读者阅读兴趣，在美国《时代周刊》、《纽约时报》等西方出版行业主流媒体上进行宣传，以吸引国外大出版公司的注意，在版权谈判上获得主动权。阿来的《尘埃落定》是“走出去”的经典案例，相当大程度上归功于出版中介服务的成功运作。因此，图书出版中介服务机构及经纪人在向外推介本国文化、促进中华文化在西方的渗透、发展我国文化产业、提高国产文化商品的质量和市场竞争能力方面不应该被低估甚至忽视。

2. 规范出版市场的主体行为

出版中介服务中的评估机构、鉴定机构不但代表着自身的利益，同时还承担有国家认可的资格审查和市场监督与调节任务。如中国人民大学国家版权贸易基地版权评估中心，由中国出版工作者协会、中国编辑学会和中央教育科学研究所三家承担经营性图书出版单位等级评估工作，在规范出版市场主体行为、维护出版市场正常运营、为出版市场主体提供服务、沟通和联系政府、联系出版企业和市场方面发挥着不可替代的作用。

二、出版中介服务发展的必要性

在出版产业体制改革和出版市场体系的建立过程中，出版中介服务在提高出版物质量、促进出版物的市场交易、推动出版产业发展等方面正发挥着独特作用。

（一）协调出版市场的信息不对称

现代出版市场存在交易双方信息不平衡的现象，这就需要出版中介活动加速信息的传播和交流。出版中介机构可以凭借自身所拥有的专业优势和网络优势，通过广泛收集信息为出版市场活动中的作者、出版方、消费者解决信息不足的问题，为各方的决策提供参考。随着独立性、公正性、服务性和技术性出版中介服务的发展，出版中介服务机构掌握的出版信息一般比较系统、完整，能对出版业的历史现状、发展趋向，稿酬标准和走向，著者兴趣、特长和出版者的专业出版方向，版权运作，读者兴趣爱好变化等，做出比较准确的分析判断。

例如，大多数作者总希望将精力集中在创作上，而不是参与关于版权的商业谈判和推销。而一个好的出版经纪人可以将他所代理的作者的创作与商业兴趣传出去，能与出版社谈出一个比作者直接谈判要好得多的价格。再如，连接消费者和出版社的选题策划创意中介服务，通过大量的读者和市场调查，为出版社提供选题重要信息，很好地减少了买卖双方信息不对称现象。选题经过了出版策划中介服务机构的过滤，有效降低了时间的浪费，为出版社节省了出版成本。

（二）打造出版产业链的关键

文化成为产业的重要标志是产业链的形成和中介环节的急剧扩张，同样的道理，出版业成为产业的重要标志也应该是出版产业链的形成和中介环节的急剧膨胀。一条完善的产业链必须具备面向市场的全部功能，任何功能的缺失都会影响相应产业的健康发展。由于长期受计划经济体制的影响，我国出版产业链短且窄，产业链很多功能都不完备，连接市场与消费者、作者与出版社的中介服务的缺失，是市场经济条件下制约我国出版业发展的瓶颈之一。在出版业向市场体制的转轨过程中，如若这一功能得不到及时的修复与完善，出版产业的发展必然受到极大负面影响。

（三）深化出版体制改革的重要推手

我国早在“十一五”文化发展纲要中提出：“积极发展从事演出展览、广播影视、新闻出版业务的对外文化中介机构。支持国内文化企业与国际知名演艺、电影，出版中介服务机构或经纪人合作”[①]。北京、上海、广州等越来越多的城市和地区意识到出版中介服务已经成为制约出版产业发展的一个重要因素，纷纷提出要大力加强对出版中介机构的培育及发展，建立健全的出版中介服务体系，充分发挥出版中介服务体系在出版产品生产、流通、消费链条上的关键作用，实现出版产业的突破性发展。市场经济条件下，出版业通过市场来配置出版资源是大势所趋，势必需要大量的出版中介和服务机构，充当促进出版生产要素快速流通的组织者和运作者。

（四）发展壮大出版企业的必要条件

随着出版体制的改革，出版产业的专业化分工以及出版产业链的不断膨胀，出版企业不可能像过去一样，能够参与到出版生产流通的各个环节。为了提高出版企业的生产力，加快出版物和出版信息的流通，就需要有介于作者、出版企业和消费者之间的专门提供出版服务的中介机构，来协调和沟通作者、出版单位和市场。例如，为作者以委托代理的形式寻找最佳出版单位的经纪代理服务，为出版单位提供市场调研、预测、选题论证、出版发展战略的咨询中介服务，为出版企业进行效益、资产和资质评估的鉴

①中国政府网．国家“十一五”时期文化发展规划纲要（全文）[EB/OL].（2006-09-13）[2006-10-23]. http://www.gov.cn/jrzg/2006-09/13/content_388046.htm.

定中介服务，为出版要素的流通提供各种交易平台的会展中介服务，为出版企业介绍相关专业人才的中介服务，等等。这些都是出版产业发展所需的。大力发展出版中介服务，增加出版业的附加值，已经成为文化产业向外扩张、抢占国内与国际市场的重要发展战略。

（五）构建我国文化市场体系的客观需要

文化出版体系是构成现代文化市场体系的重要组成部分，而出版中介服务是连接出版生产、流通与消费的沟通桥梁。首先，它不仅可以客观地反映出版产品与服务供给与需求的状况，而且具有通过市场机制能动地平衡出版供求关系、调节优化出版资源配置的功能。其次，开拓出版市场必须大力发展出版商品市场和出版服务市场，这也是其他出版市场的存在条件和发展前提。出版中介服务从业者，经过专门的技能培训，具有一定的出版专业素质、市场敏感度和出色的公关能力，能成功地将出版产品和出版服务推向市场。接着，根据目前出版市场发展的实际和现代市场经济体制发展的要求，大力发展出版中介服务是题中之义，诸如作家经纪服务、版权代理服务、信息技术咨询服务、评估鉴定服务、出版经纪人服务、出版策划创意服务等，建立以中介服务为中心的出版市场体系，才能在客观上推动文化市场体系的构建。最后，出版中介服务既能营造出版市场的公平竞争、有序发展，又能引导出版市场走向良好的市场运作机制与法制化建设轨道。

三、出版中介服务发展的可行性

（一）出版产业意识的提升

我国社会主义市场经济体制确立以来，出版事业取得了长足的发展，精神产品商品化的观念已经成为共识，出版市场逐渐规范化、法制化，出版中介专门人才大量涌现，为出版中介的发展提供了广阔的天地。从我国兼具出版中介服务功能的出版工作室大量涌现来看，出版产业意识已经大大提升，出版产业理念也逐步形成。

（二）国家相关政策的支持

我国出版产业的双层属性特征，注定了出版产业的发展离不开国家相关政策的大力扶持。针对我国出版业的实际问题，政府及相关部门提出了加快出版业行政体制改革力度、转变政府职能、完善出版市场体系建设和充分发展出版中介服务等建议。

2006 年颁布的《新闻出版总署关于深化出版发行体制改革工作实施方案》中明确提到“要充分发挥市场中介和行业组织的作用，加快发展经纪、代理、评估等出版中介机构，建立专业化、社会化服务体系”[①]。2009 年颁布

①新闻出版总署关于深化出版发行体制改革工作实施方案 [J]. 中国报业 ,2006(08):21-23.

的《关于进一步推进新闻出版体制改革的指导意见》进一步提出“发展和完善新闻出版和版权经纪、代理、评估、鉴定、会展等中介机构，提高新闻出版产品和服务的市场化程度”①。

政府鼓励发展出版中介服务，对普通读者来说，最能亲身体验和熟悉的莫过于图书会展类中介服务活动。创办于20世纪80年代和90年代初的北京、上海、香港三大书展，其最初的功能主要是搭建出版社和销售对象之间的桥梁，在信息流通不发达的过去，这类书展的订货功能相当强大。

（三）国内外成功经验可供借鉴

出版中介服务，在欧美国家已经发展得相当成熟。如，作为联系作家和出版社的中介——经纪公司或经纪人，自19世纪末英国出现第一位作家经纪人瓦特开始，已逐渐改变了英、美出版业图书生产的机制，也改变了作家与出版社的关系，更直接或间接地改变了出版的生态，从最初的不被接纳发展成为英美现代出版生产机制中不可或缺的重要角色。如今在美国的大众图书出版市场，超过90%的书通过作家经纪人中介交易，大部分作家不直接与出版商接触，从而节省更多的时间专注于写作，作家经纪人已

①关于进一步推进新闻出版体制改革的指导意见 [J]. 新闻战线 ,2009(05):17.

成为知识生产的第一道闸门，取代了出版商的部分守门功能，并担任作家与出版商之间的润滑剂与缓冲器。

国内的出版中介服务，在市场化和商业化方面并非毫无作为，也创造了可圈可点的成绩。如中华版权代理总公司、广西万达版权代理中心等，这些版权经纪机构通过各自的版权代理中介服务工作，在各种文化和社会中行走。有的专心于作品引进，为海外图书出版商和代理商服务，将欧美以及其他国家和地区的书籍引入中国；有的则在将图书引入中国市场的同时，把中国文学传播到全世界，在这一过程中与俄、美、英、德、法、日、意、乌克兰、格鲁吉亚等国家及我国台湾、香港、澳门地区的多家版权集体管理机构、版权代理服务机构和主要出版公司都建立了长期合作关系。民营出版企业在出版中介服务方面也做了不少工作，大多数民营出版人都有相对固定的作者群，一些民营出版公司为了培养作者，培育市场，甚至不惜血本，投入了大量资金。

他山之石，可以攻玉，在借鉴学习国内外成功的运营模式和管理经验下，作为出版市场体系中的出版中介服务体系，必将成为出版市场不可缺少的部分。

（四）出版中介服务专业人才的涌现

产业的发展与兴盛与从业者及其素质息息相关，文化创意产业的发展和不断优化的出版环境，使一批青年才俊踊跃投身于出版中介服务行业，前赴后继，不断探索。早期从出版社跳槽选择出版经纪人职业的江鸣，凭借其以往在出版社工作的经验，江鸣觉得出版界缺乏出版经纪服务和专业经纪人，新作者不知如何与出版社谈判、如何包装自己、如何推广。而出版经纪服务和经纪人，恰好为这些急于成名或希望以写作为终身职业的作者提供了一整套经纪中介服务。因此，江鸣义无反顾地投身到了他认为很有前途的经纪事业当中。韩寒、安妮宝贝、王朔的经纪人路金波，凭借其独有的商业头脑和对出版事业的执着，曾成功运作出版《成都，今夜请将我遗忘》《Q版语文》《一座城池》《若星汉天空下》《莲花》等畅销书，把出版变成了技艺，在出版中介服务业中打出了一片天地。青春文学领军人物郭敬明，成功利用自己的《最小说》品牌，创办了上海最世文化公司，像演艺圈包装明星的经纪公司一样，培养起了作家中的新生力量，创造出巨大的利润。诸如此类经营出版中介活动的专业人才还有很多，他们大多年轻、富有创意，能把握出版的新脉动，为我国出版中介服务业的发展奠定了相关基础。

我国出版中介服务的发展虽然较晚、整体实力有待加强，但在政策、技术、文化、市场等环境变化以及各种积极因素的驱动下，具有存在必要性与发展可能性，必将在促进出版物市场交易、优化出版资源配置、推动出版业的发展等方面发挥巨大能量。

第三章 我国出版中介服务模式

所谓模式，简单而言，就是样式或范式，机构或组织体系中的各要素最优设计思路与框架。各国出版中介服务模式各异，发挥的作用也不尽相同。如欧美的文学代理服务已经出现了一百多年，为欧美大众出版繁荣及文化输出和渗透起到了推波助澜的作用。

第一节
我国出版中介服务发展的政策与理论探索

一、政策探索

在各项文件与报告中，对中介组织有市场中介组织、中介组织、社会中介组织等不同提法。对相关文件分析并结合当时的环境背景来看，以上几种概念所表达的内涵实际上基本一致。一系列重要文件和高层次会议中反复强调了发展中介组织（机构）及中介服务的重要性和必要性，体现了我国国家和政府在出版中介服务及服务机构的发展方面所做的努力和探索。

二、理论探索

关于中介组织的前期相关重要研究对于出版中介机构的理论研究具有基础性理论作用。众多学者和专家著书立论，对中介组织的发展提出了真知灼见。《市场中介组织》《社会中介组织》《成功中介必读——制度创新与中介组织培育》等一系列著作，对中介组织的概念进行了各自的界定，并从社会学、经济学等不同视角对中介组织的产生、发展及重要性进行了系统阐述。出版中介服务中起步较早的版权经纪与代理领域也有大量力作，理论研究成果显著。如郑海龙、褚岩的《文化经纪人概论》，胡晓明、肖春晔等的《文化经纪理论与实务》。从我国中介组织的概念提出至今，学者们对中介组织的关注与丰硕研究成果，对我国出版中介机构的理论研究起到了重要的顶层理论指导作用。

我国的出版中介机构在相关文件正式提出出版中介机构概念之前早已存在，出版经纪和版权代理即我国较早的出版中介服务形式，相关研究起源较早，成果主要分布在硕士学位论文、期刊论文及会议论文研究中。硕士学位论文有《出版经纪人发展研究》《中国出版经纪人发展研究》《我国出版经纪人法律问题研究》等；期刊论文和会议论文主要针对出版经纪的作用、形式和法律问题进行探讨。但仔细研读这些成果发现，无论是学位论文、期刊论文还是会议论文，对出版经纪研究的广度和深度都有待加强。

第二节 我国出版中介服务模式

一、出版经纪与代理

（一）出版经纪与代理概述

“经”是经营、治理的意思，“纪”指纪纲、法度。“经纪”是按一定法度（规则）对经营事务代为筹划、管理、料理之意。我国对“经纪人”一词，众说纷纭，并未达成一致的观点。按《辞海》的说法，是指“在买卖双方充当介绍人而获取佣金的中间商人”。

“经纪人”是英美法系的概念和制度，特有的法律概念都是在特定法律背景和法律文化中运行的，对于同样的事实或行为，大陆法系和英美法系有不同的设计。大陆法系国家认为经纪人只不过是专门从事商事活动的居间人而已，与代理人有本质的差别。目前，我国基本上是采取大陆法系国家的规定，对代理、行纪和居间三者进行了严格区分，英美法系国家认为经纪人在法律上的地位属于代理人的一种，与委托人是一种委托代理的关系，适用代理法的整套规则。

实际出版中介活动中，为达到最理想的服务效果，根据双方需求只限于居间行为的中介服务越来越少，绝大多数的出版中介活动都属于代理和行纪的法律范畴，而实际上无论是代理还是行纪所提供的中介服务，工作方式和工作性质没有实质性区别,只是两者在法律性上有不同规定。这也是笔者在探讨这一问题时未将出版经纪与出版代理分开论述，而是将出版经纪与代理相提并论的主要原因。

（二）我国出版经纪与代理发展与嬗变

出版经纪人和出版经纪服务业是出版中介服务业的重要组成部分，出版经纪服务活动的主体出版经纪人（出版经纪机构或个人），是促成作品出版提供中介服务的中间人，在出版产业和经纪业发达的西方国家，已经拥有成熟的出版经纪制度和出版经纪机构，通过经纪人来代理作品已成为出版业的惯例。

我国出版经纪与代理服务业可追溯到20世纪30年代，发展至今大致经历了三个阶段。第一阶段是特殊历史时期，所有商品的流通由国家统一安排和调度，经纪服务业和经纪人没有产生的条件和土壤。第二阶段是 20 世纪 80 年代至 90 年代初期，改革开放政策开始实行，社会主义市场经济体制与商品经济的发展，是中介服务业重新回到市场的前提。此阶段的中介服务多处于自发状态，有些胆子大、信息灵通的人士，做起了旧时的掮客生意，他们为活跃市场牵线搭桥，依靠获取佣金或回扣牟利。这一时期，法律上对中间人概念或称谓、法律地位、佣金性质等都没有准确定位，导致管理混乱。第三阶段是20世纪90年代以后，随着市场经济体制建立，证券金融业等行业引入经纪人制度，经纪成了中介服务的代名词，经纪人成了所有从事中介服务人员的称谓。如今，我们不难看到经纪人的身影正活跃于各行各业之中。

我国出版经纪与代理服务活动及机构出现在20世纪80年代以后，1988年我国第一家出版经纪代理机构——中华版权代理总公司（简称“中华版代”）成立，标志着我国出版经纪代理制度的初步形成。中华版代在我国图书版权的引进与输出，繁荣出版市场，促进中华文化“走出去”方面起到了很好的中介作用。1996年，我国台湾地区的紫石作坊企划创作工作室成立。2000年，大陆首家以经纪人身份出现的出版经纪公司北京汉青文化信息公司成立。2005年，我国逐渐从政策层面上放开外资和民营资本进入出版市场，具有出版经纪人角色的数以万计的民营图书公司、工作室、文学网站、国外版权代理机构抢滩国内出版经纪代理市场，推动了我国出版代理服务业和出版经纪代理机构的发展，出版经纪代理呈现多渠道化和经济成分多元化趋势，极大促进了我国出版市场的繁荣。

如今经纪人的外延不断扩大，已经远远超越了它的原本内涵，可以说本义上的经纪人在这个竞争激烈的社会甚至无法生存。

（三）我国出版经纪与代理的模式分析

出版经纪与代理的发展模式，是指出版经纪与代理服务在长期发展过程中形成的系统内各要素相对稳定和具有一定社会认可度的样式或范式。

在我国，随着文化产业、出版产业、网络文学的发展及国民文化素质的提高，发展和培育出版经纪人制度也逐渐成为出版界的共识。从各方面的情况和数据来分析，我国都拥有出版经纪制度产生、成长和发展的良好条件。一方面是对出版商品的需求旺盛，庞大的国民人口基数，国家每年推行的全面阅读工程，使出版市场被广泛看好；另一方面，出版经纪与代理中介服务供给发展迅速，文学网站、民营书业公司和以国营为主的版权代理服务机构不断涌现。出版经纪代理市场中决定市场活跃程度的供给和需求两个决定性变量大幅增长，为出版经纪代理业发展提供了广阔发展空间。各种力量和资本跃跃欲试，进入出版经纪和代理行业。总的来说，我国出版经纪与代理服务业，相较于西方出版业发达国家来说，处于发展初期，但也并不是无所作为。通过对近年来我国出版经纪代理发展情况的梳理，可以将我国出版经纪与代理中介服务的模式分为以下几种：

1. 版权代理——国有（官办）模式

在西方国家，发达版权代理服务的发展与活跃程度与一个国家出版产业的发展息息相关。从 1988 年我国第一家国有版权代理机构成立至今，国有版权代理经过 30 年的发展，虽然成绩不是特别突出，但不可否认其对我国图书版权贸易和出版产业发展方面的贡献。版权代理仍是我国出版经纪与代理的一种典型模式。

我国现有中华、北京、上海、万达等 28 家经国家版权局批准的版权代理公司，其中 22 家角逐图书版权代理业务（表 3-1 我国主要版权代理服务机构）。中华版权代理总公司是隶属于国家版权局的事业单位，其余大多设立在省市当地新闻出版局（版权局）名下，只有北京版权代理公司一家股份制公司。国有版权代理服务机构主要从事本地图书版权的国外版权业务。据《图书版权贸易的调查分析报告》数据统计，国有版权代理的图书版权贸易数量达我国引进版权的 30% 左右，并形成了各自优势。目前，中华版权代理总公司已与俄罗斯、美国、英国、德国、法国、意大利、西班牙、日本、韩国、澳大利亚、乌克兰、格鲁吉亚、巴西等国及我国台湾、香港、澳门地区的多家版权机构建立了长期友好的合作关系。北京版权代理公司以代理韩、日和港台地区的图书版权业务见长，独家代理了台湾大苹果公司在大陆的版权，多年下来，已成功代理大苹果公司几千种图书在大陆的版权。上海版权代理公司拥有美国著名出版企业企鹅公司的中国独家代理权。国有版权代理模式在我国图书出版版权国际贸易方面起到了重要纽带的中介作用（图 3-1 所示）。

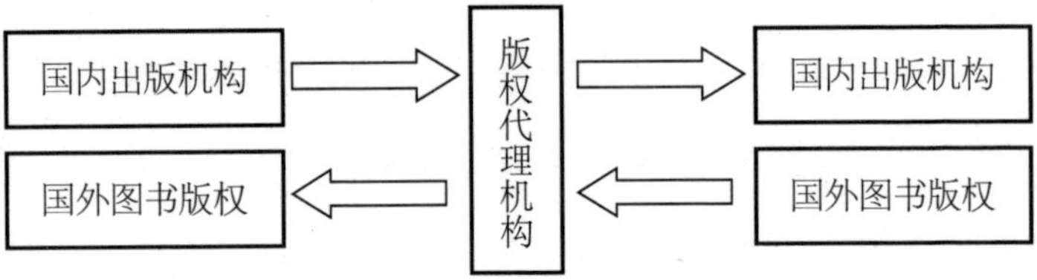

图 3-1 版权代理国有模式中介服务功能示意图

表 3-1 我国主要版权代理服务机构

版权代理总公司名称	负责人	所在地
中华版权代理总公司	段桂鉴	北京市东城区安定门东大街 28 号雍和大厦
北京版权代理公司	刘志伟	北京市海淀区知春路 23 号量子银座
上海版权代理公司	王艳	上海市张江路 69 号 6 楼
山西省版权事务所	吉平	太原市建设南路 21 号 C 区 1804
广西万达版权代理中心	邓锟	南宁市金湖路 53 号
湖南省版权代理公司	刘跃伟	长沙市营盘东路 3 号
湖北长江崇文国际文化交流股份有限公司	不详	武汉市洪山区雄楚大道 268 号
陕西省版权事务中心(陕西版权代理公司)	沙庆超	西安市北大街 147 号

注：数据来源于 2015 年《中国版权年鉴》

2. 作家经纪——盛大模式

出版业发达的欧美国家，大概有 80% 到 90% 的文学作品都是由专业经纪公司或经纪人运作出版的。其中一个不得不提的例子便是风靡全球的《哈利波特》，该系列作品取得的瞩目成就与经纪人的成功运作密不可分。但就中国乃至整个亚洲而言，作家普遍没有经纪人，作家经纪人制度不成熟。虽说也存在一些颇有影响力的专业作家经纪公司，如郭敬明以自身影响力创立的最世文化公司，旗下签约笛安、落落、安东尼等青春畅销书作家 70 多位，人数和产值都很有规模，市场化运作也比较成熟，但作品的文学品质和商业化路线还是屡遭诟病。曾以策划《大敦煌》而产生一定影响力并且拥有百名签约作家的中作国安文化经纪公司，似乎也不是最适合我国的作家经纪模式。当下真正意义上较为成熟的作家经纪形式笔者认为是盛大文学（以下称为“盛大模式”）。

2009 年，盛大文学参照国外作家经纪人制度，开始从公司的文学编辑和运营人员中，遴选出优秀网络作家经纪人，组成其十大金牌作家经纪人。经纪人主要工作是专门对盛大文学的签约作家进行包装和运营，充分挖掘中国原创文学的文化创意产能，这标志着中国作家和作品全面进入代理人时代。盛大文学可以说是我国网络文学的代名词，盛大文学运营的原创文学网站包括起点中文网、红袖添香网、小说阅读网、榕树下、言情小说吧、潇湘书院六大原创文学网站，同时还拥有华文天下、中智博文和聚石文华三家图书策划出版公司，签约韩寒、于丹、安意如、蔡康永等多位当代一线作家。截至 2011 年底，盛大文学旗下 6 家文学网站作品数超过 580 万部，每天有 6000 万字的新增量，月度访问用户 6970 万，作者总数近 160 万，占所有网络原创文学 72.1％的市场份额。2012 年，盛大文学在影视等版权开发上取得了令人瞩目的成绩，共计售出版权作品 900 余部，2013 年根据网络原创文学作品改编的影视剧中，来自于盛大文学的原创作品最多。电视剧《小儿难养》《裸婚时代》《步步惊心》，电影《搜索》《致青春》，网络游戏《星辰变》《盘龙》《凡人修仙传》等都取得了不俗的成绩，占据国内原创文学市场份额的 80％以上。盛大文学已成为网络文学全版权前端行业最负盛名的标杆性品牌之一。盛大文学为用户量身打造全方位、广角度、立体式的文化产品体验，为出版社、游戏公司、影视机构等版权需求方提供大容量、多元化、优品质的作品来源，着眼于整个文化市场，为用户和版权方而搭建了一个提供文化服务平台与桥梁。从该层次来说，盛大文学真正担当起了联系作者和出版服务机构的“红娘”角色，具有典型的出版中介服务性质，其出版中介模式如图 3-2 所示。

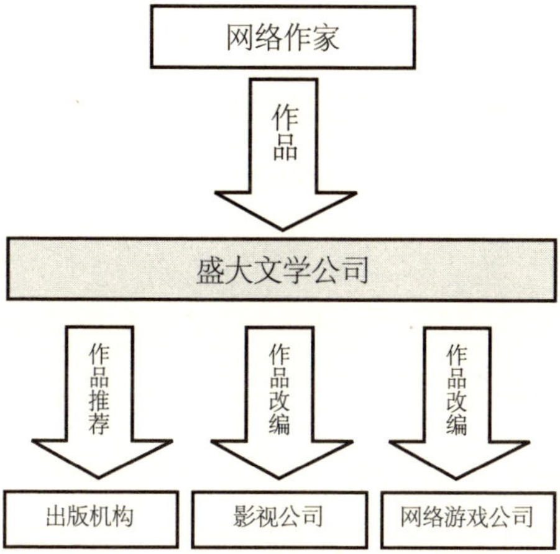

图 3-2 作家经纪盛大模式中介服务功能示意图

3. 选题策划——民营模式

所谓选题策划，其实质是占有出版资源，收集联系作者、市场与出版社之间的信息，架起三者之间的桥梁。图书选题策划的过程中有大量的创意与灵感，但更多不是对文字的创意，而是对信息的分析与操作（图 3-3 所示）。

选题策划是随着竞争机制的引入，出版市场由买方市场转向卖方市场而产生的。图书市场的繁荣与发展取决于图书生存要素的合理流动，把握市场、了解读者、掌握出版动态是出版企业参与竞争的必要工作过程，而这类工作完全依靠国有出版社的力量是远远不够的，民营图书公司的选题策划工作正好迎合了这一需求，专门为出版社和作者牵线搭桥，让市场、作者和出版社之间的信息顺利对接。从这一意义上来说，从事选题策划的民营图书公司就是介于出版机构与作者之间的出版中介机构。近年来，“京、沪、穗等大城市冒出许多出版工作室、图书中心或文化公司，其中有不少在注册登记时，都声称是承办信息咨询、联络作者、组稿、推荐选题等业务，这都属于出版经纪人的业务范围”[①]。由于我国长期以来实行的专有出版权国有政策，民营资本无法涉足产业链上游的出版领域，只能以选题策划的形式与出版社合作参与图书出版。

事实上，变革之于商业，非变量，而是常量。1992年，邓小平南行提出了“三个有利于”的标准，国家和各地方政府陆续出台了鼓励非公有经济发展的政策。之后，随着中国加入WTO，《出版物市场管理规定》的修订、《关于进一步推进新闻出版体制改革的指导意见》等一系列政策和措施的出台，促使大量民营出版公司诞生，出现了一批懂得商业运作的民营出版大鳄。民营书业的企业数量、规模、产值逐年攀升，占据出版业的半壁江山。早在2002年，我国民营资本涉足图书选题策划的和编辑出版环节的公司数量就已达2000多家，将近我国国有出版单位数量的4倍。在学术界和出版业界，提到畅销的选题策划，相信很多人脑海里首先出现的是：新经典、磨铁、华文天下、共和联动、博集天卷的原创图书策划；日知、唐

---

①唐晓亮，刘峰．我国出版经纪人的春天在哪里?[J].出版参考：业内资讯版,2008(7):14.

码等文史类图书策划；新经典、信谊、启发的儿童绘本策划；志鸿教育、金星教育、星火教育的教辅类图书策划。2009 年，我国 11.5 万家出版类企业法人单位中，民营书业占 72.0%，2011 年，全国 15.3 万家新闻出版企业法人单位中，民营企业数量占 81.2%，据《中国图书商报・东方数据》统计数据显示，我国近几年畅销书排名前 100 位的图书 60%以上出自民营书业。

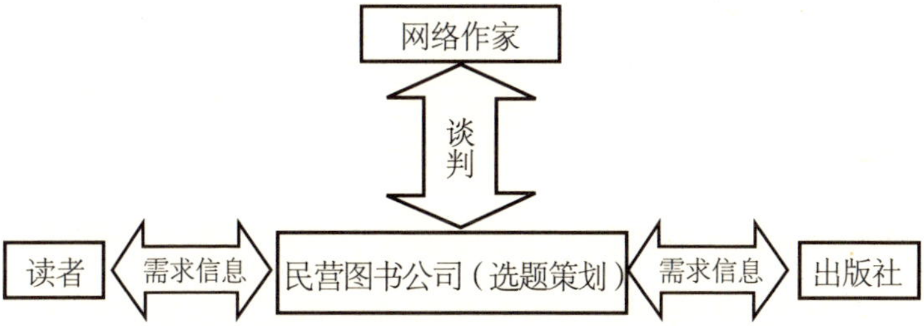

图 3-3 出版经纪代理民营模式中介服务功能示意图

4. 综合服务——基地模式

为了促进我国版权产业的发展，为版权贸易搭建优良平台，推动文化产业大繁荣，满足人民群众对文化精神产品的需求，我国从 2007 年至今，已经批准建立了四大综合性的版权贸易基地，经过几年的发展，基地模式基本成型，为我国图书、电影、计算机等文化版权贸易提供了良好的发展思路（图 3-4 基地模式中介服务功能示意图）。

2007 年 8 月 6 日，经国家版权局正式批复由中国人民大学筹划组建我国第一家国家版权贸易基地，该基地是集图书版权在内的版权“集聚、辐射、交流、展示交易、孵化、培训、代理”为一体的综合性的版权交易平台。它的最初定位就是“版权主体从事贸易的市场、版权代理公司和其他版权贸易服务机构参与交易的平台”[①]。2009 年 2 月，国家版权贸易基地的挂牌仪式在国际版权交易中心举行，该中心是由中国版权保护中心和北京市东城区人民政府共同建立的版权交易服务平台，旨在推进版权工作科学发展。成立之初就有多家版权代理公司、文化创意公司正式入驻。中心重点设立了国家级著作权登记和认证信息平台、国际化版权交易综合服务平台、全国版权产业交流合作平台、顶级版权专家组成的核心智力平台、国家级版权价值评估和资本运作平台、版权法律保护公共服务平台六大功能平台，以及版权交易服务体系、版权专业服务体系、版权商务服务体系等三大服务体系。2012 年 9 月，我国第四家版权贸易基地国际版权贸易基地在山东省台儿庄建设落成，是山东省第一家综合性版权交易服务平台，具体实施过程中以转型榜样为目标，以产权交易为核心，探索有示范价值的版权贸易新模式。基地将加快综合性展示交易场所建设，完善电子交易平台等各项配套设施，打造“技术先进、管理规范、运转科学的公共版权贸易服务平台”[②]。

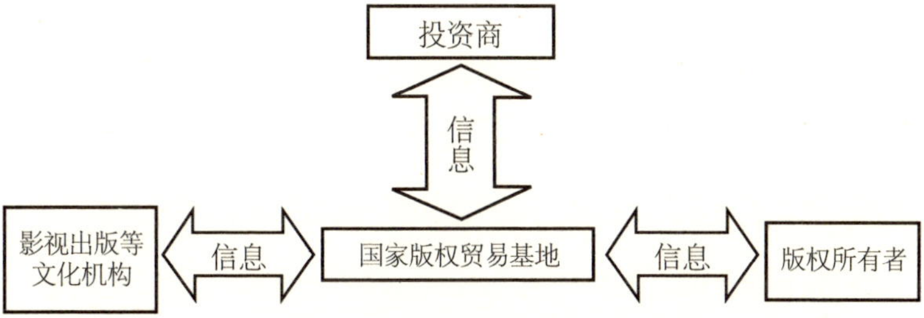

图 3-4 基地模式中介服务功能示意图

（四）我国出版代理与经纪服务的优化

1. 我国出版代理与经纪服务的优化原则

（1）符合国情原则。一个国家出版代理与经纪服务的模式都应该是该国政治、经济、文化与相关产业发展等多种因素综合作用下的产物。我国出版代理与经纪发展模式也应该与我国的综合国情相适应。第一，我国出版代理与经纪服务发展模式没有可能超越国家的政治、经济体制现状，因此，确立我国出版代理与经纪服务的发展模式必须符合目前的国情。第二，出版代理与经纪服务发展模式应该适应我国出版文化产业的发展步伐，从我国出版中介服务的发展现状来看，我国出版中介服务发展滞后于出版

①邹韧．国家版权贸易基地落户中国人民大学 [N]. 中国新闻出版报 ,2007-10-31(001).

②胶东在线．山东首家“国家版权贸易基地”落户台儿庄 [EB/OL].（2012-09-09）[2013-12-01]. 国家批准的重点新闻网站 http://www.jiaodong.net/news/system/2012/09/09/011640227.shtml.

产业的发展需求，因此，构建和优化出版中介服务模式要与我国出版产业发展的程度相适应。

（2）整体可持续性原则。出版中介服务模式的构建必须实现经济效益和社会效益的统一。要从出版产业链的高度，从整个产业的全局角度去观察、思考、分析和解决问题，有序构建发展模式。充分关注产业内各节点之间的相互联系、相互作用、相互协调，推动出版中介服务业高效率发展。

（3）科技创意先导原则。出版中介服务的根本功能是充当出版产业链上下游之间进行信息交流的纽带。在发展模式构建过程中应充分利用网络技术、通信技术、信息分析与决策手段，提高出版中介服务的生产效率和服务效果。

（4）适度超前原则。出版中介服务的模式要立足于现有国情与现实，但又不能局限于现实，还必须考虑适度超前的原则，对出版中介服务模式的构建要有一定的前瞻意识，可充分乐观地预估我国改革发展的方向性和成果。

2. 数字化环境下出版代理与经纪服务的意义

数字化时代到来，全版权运营渐成趋势，版权经纪人签约的不再是一部作品，而是一个作家。版权经纪人与作者存在友好的合作关系，作者自身形象、作品形象、作品商业价值都与版权经纪人息息相关。大部分作家没有足够的时间精力和业务能力来全方位运营和管理自己的作品，此时就需要版权经纪人这一角色的介入。为作家和作品服务的出版经纪与代理服务价值日益凸显，其主要价值和意义体现在以下几个方面：

（1）全方位立体化运作作品版权，深度挖掘作品商业价值

当下，全版权运营是一种趋势。图书出版是出版社和作者最熟悉的一种方式，但闻道有先后、术业有专攻，当作品涉及影视、动漫、游戏、教育培训等领域时就需要专业的人员来操作了。其他版权运营的过程中，需要牢固的法律素养和知识来保证著作权人人身权和财产权权利的维护，需要处理合同与法律上的一些事务，版权经纪人可以帮助著作权人争取到最大的权益。在作品推广的过程中，版权经纪人可以帮助作者寻找一些新的渠道去推广作品，有些平台性质的版权经纪人本身就有强大的推广能力和用户资源，如盛大文学。

作家的强项是生产内容产品，他们大多并不擅长对作品进行市场化运作，这就需要版权经纪人来承担这个任务了。一部优秀的作品，其生命力绝不仅仅是一本图书一部电影，版权经纪人要对作品的生命力进行延伸扩展。几米，一位出生于台湾的绘本作家，创作十年，他的作品被改编为舞台剧、电影、电视剧和动画，并有众多图像授权

作品。“几米现象”形成一股带动周边相关产业年营业额超过十万亿元的文化潮流，能取得如此成就，离不开几米的经纪人李雨珊的工作。2001 年她和几米合资成立了墨色国际公司，公司以创意为核心，几米只单纯扮演文化创作的源头，公司专责为其进行商品化经营，作为一个强势文化品牌，将几米的绘本从单纯艺术作品向商业图书甚至其他产品延伸开发。在墨色国际公司的综合营销下，几米的绘本与各类衍生文化产品都取得了巨大成功，不仅获得了经济收益，还实现了作品价值与作者形象的提升。

（2）推动文化走出去，拓宽作品的传播范围

受海外代理版权的各种限制，我国许多作品很少在西方出版，更毋论其他版权的代理与转换了。全版权运营使我们不得不参与到海外版权的运营当中，而又缺乏具有和国际出版公司打交道能力的版权经纪人。国际版权经纪人最基本的素质是语言交流能力，其次是熟知双方国家著作权方面的法律法规，能灵活处理版权问题。

完善的经纪人制度对于推动文化走出去，拓展海外版权具有重要的作用。台湾光磊国际版权有限公司创办人谭光磊的案例值得一提。光磊国际主要代理外文书版权，梦想是将台湾文学卖到全世界。谭光磊曾表示：“推动文学走出去，最好的办法是由本地人和外国代理合作。本地经纪人要懂作品、能与作者沟通，还要有好的外语能力，对

外国市场有一定的了解才能准备适当的外文资料，让外国代理去卖版权。除此以外，版权还涉及烦琐的行政事务，如购买和寄送样书、整理书评剪报、审查合约、安排书展和宣传活动行程、提报税款等会计事项”。在他的努力下，华裔作家张翎的小说《金山》售出了英、法、意、荷等国家的版权，接着他又陆续将畅销爱情小说《山楂树之恋》、作家迟子建的《额尔古纳河右岸》、谍战作家麦家的《解密》和《暗算》推向国际。签下作家吴明益的长篇小说《复眼人》之后，他成功将这部作品出售给英国重量级出版社 Harvill Secker，并卖出了这本书的法语版权。2014 年 12 月 30 日谭光磊发表微博称，自己又将邱妙津的《蒙马特遗书》卖到了意大利和法国。《2014 年世界影响力最大的中国当代文学译作》中麦家的《解密》排名第一，全球 686 所图书馆均有收藏;《复眼人》排名第三，有 350 家图书馆收藏;刘慈欣的《三体》排名第五，共 214 家图书馆有收藏。这些都是在谭光磊的努力下传播、售卖到海外的中国图书。

（3）有利于作品和作家的包装以及公关策划

99 网上书城总裁黄育海曾表示：“好的作家经纪人，不仅要会谈价格，还要像包装明星一样包装作家，得考虑到双方利益和出版社的特点，经纪人要为作品找到最合适的出版机构，并通过策划包装使书达到最高性价比”。现在看来这也只是版权经纪人的一部分作用罢了，版权经纪人要做的是版权的综合打理而不仅仅是图书出版。全版权运营不仅涉及版权的方方面面，还涉及作品中人物形象的开发、作者本身的定位和形象塑造等一整套商业化运作，例如日本对动漫大师宫崎骏的整体包装，就取得了不错的效果。

（4）适应数字出版产业链的要求

在数字出版迅速发展的今天，版权经纪人也变得更加重要。杨文轩表示："未来的出版链条会越来越短，可能连出版社都会沦为一个平台的角色。在这个越来越短的产业链条上，有的内容提供商成了平台例如京东和当当；有的成了作者服务机构，例如华文天下；有的则成了读者机构，专门为读者挑选图书，有的则专门做衍生产品"。版权经纪人可能会越过出版社直接与一些平台商谈作品的电子书版权，作者也可以绕过出版商直接与京东、亚马逊这类数字平台合作，出版图书并获得利益。畅销书作家蔡骏和冯唐就与京东签约，将自己未来几年的电子书交给京东来运作。

3. 数字环境下出版代理与经纪服务的优化

我国出版代理与经纪中介服务的发展，需选择适当发展模式与战略，方可实现可持续性成长。

（1）专业化发展

专业化发展模式可分为专注于出版中介服务的某一环

节或某项业务的两种模式。如美国电影产业和编剧业的发展，在美国出版经纪界，出现了专门针对图书电影电视版权的经纪公司。随着亚马逊电子书的火热销售，数字版权的意义逐渐凸显，美国版权代理商安德鲁 · 维利瞄准时机，成立了自己的出版公司奥德赛（Odyssey Editions），维利将他所代理的部分作者的作品通过奥德赛制作成电子书，独家代理这些电子书的数字版权，在亚马逊 Kindle 书店独家销售，为期两年。维利表示，“事实上，一些旧版书的电子书版权并没有转让给出版社，因此我们有机会利用这种版权做些事情”。

欧美出版中介服务业专业且发达，多数国家都实行专门的出版经纪人制度，经纪人不仅从事出版信息的中介工作，而且参与市场潜力调查与分析、作家挖掘与培养、作品策划及设计，直至作品营销的整个过程。在这些国家的图书馆里，还有各类作家手册和指南，如《西蒙与舒斯特作家手册》《当代作家手册》，麦克米伦出版社的《作家手册》，主要功能是列出英美该年登记在册的全部出版经纪公司，并提供详细联系方式、业务范围及佣金提成情况。《作家手册》已从 1987 年 500 多页的第一版，发展到 2003 年近 800 页第十六版，专业程度可见一斑。美国著名科幻作家阿兰 · 迪恩 · 福斯特就是在《美国科幻作家手册》里找到了满意的经纪人。

在企业的发展模式上，专业化是相对多元化而言的，但多元化并非与专业化完全对立。出版中介服务机构在创建之初，资金、人才、设备等资源都比较有限，但同时具有规模小、应变能力强的优势。小规模出版中介服务机构可将业务“做精、做专、做深”，实现快速发展。出版中介服务是出版文化产业的重要相关服务业，其实质与文化产业一样，是一项脑力创意活动，具有高附加值的特征。无论是版权代理、经纪服务、选题策划、出版要素评估，其实质都是一种对信息、知识的创新与创意活动，并非一般服务性机构能胜任，而是一项高度专业化的工作。出版中介专业化程度的高低，不但表现在出版中介服务机构所提供的服务功能和资源上，更多的是它所提供的服务与其他竞争对手相比，是否具有独特性。做得比对手精、专，能深度迎合市场，构建起同类无法模仿和逾越的篱墙。

（2）立体化集约型发展

所谓立体化发展模式是相对于直线性发展模式而言的。直线性发展是经营者综合利用企业内外的人才、技术和资金，只对产品进行平面线性开发；立体化发展则是对产品进行全方位开发。对于出版经纪与代理来说，就是通过投入大量的活动和市场化运作手段，对版权进行全方位经营，把作者的利益和出版服务机构的利益最大化。张洪波提出：“出版经纪与代理服务机构可以将自己代理的不同国家作者的同类作品进行作品资源深度整合，策划为一个项目，参与出版社的推广活动。又如经营代理有潜力和著名作家的作品时，还可以考虑中文繁体字版、网络传播、数字化制品、报刊网络连载、选载、影视改编等主权利与附属权利的立体经营。”夏红军在 2006 年就提出：“出版经纪的主要工作应包括：作者的挖掘和选题的开发；寻找合适的出版商；充当读者和编辑；向出版社推销出版项目；代表作者与出版社签订出版合同，并监督作者的创作过程；参与图书营销；主持作品相关权益的转让；与市场调查公司保持长期的合作。”①

对于版权代理，我国一直提倡多品种代理，虽然我国 28 家国有版权代理机构中，许多代理公司的经营业务与范围也包括影视、音像、软件等版权代理，但困于多年来管理体制、经营机制与人才缺乏等问题。除万达代理过少量电子图书和软件、上海版代偶尔从事杂志的涉外版权代理、中华版代代理过一些影视作品、北京版代涉足音像、影视、电子出版物及游戏软件等产品，其他版代公司基本都是以图书版权代理为主的线性发展模式，版权代理仅限于简单的中介人角色。完成洽谈、签约、版税金、合同跟踪落实这一单一流程，业务附加小，可以说还处于版权代理的初

①夏红军 . 出版经纪人初探 [J]. 印刷与出版 ,2006(01):23−26.

级阶段。

版权经纪与代理的本质是文化创意，版权经纪与代理应该从传统的平面线性发展模式朝着立体化、集约化方向发展。虽说版权经纪与代理服务业是从出版行业发展而来的，但决不能固守图书经纪与代理的初级形式，而是应该将图书版权的经纪与代理向文化创意产业延伸扩展。今后，除了代理图书版权之外，还必须做图书版权的延伸。延伸首先是横向发展，我国的版权代理服务应该改变传统经营模式，拓宽现有业务横向范围和纵向深度，尽量摆脱版权代理业务品种单一、服务简单的尴尬局面，开发电影、电视、电子出版物、音像、图片、美术、艺术品授权等立体化版权代理模式,实现版权产品和版权所有者利益最大化，并且充分利用自身各种优势资源，为我国出版业提供专业化、优质化、全面化代理服务，加强出版产业“走出去”的力度。其次是一主多副，版权代理机构除从事版权代理的主要业务外,还可利用已有资源开展相关辅助性服务业。如中华版代除了版权代理，还存在版权著作权登记、著作权使用报酬收转、著作权法律服务、著作权鉴定等众多职能。上海版代兼有著作权使用报酬的收转，组织讲座、研讨的活动。北京版代每年举办一次版权研讨会，组织版权贸易人员培训班，组团参加国际书展，对好书版权进行竞价销售，以及一些深层次代理，并开始涉足影视、软件、光盘的版权代理。

（3）多元化发展

第一，服务主体多元化。由于我国出版产业主体自身不够丰富，与出版相关的版权交易中心、交易平台、作家经纪、版权代理机构、咨询机构、会展机构等出版中介服务主体更显稀缺，版权代理服务基本由国有版权代理机构和出版社垄断。然而，一个行业要获得真正的发展，需要更多主体参与，国有私有都必不可少，竞争的增加有利于形成良好的资源互补。

第二，资本多元化。要发展壮大出版中介服务行业，其中一个重要的问题是如何实现进入这一行业的资本多元化。资本多元化一方面是指其他资本进入出版中介服务行业的可能性；另一方面，是指参与出版中介服务业资本的多元化。当前，虽然民营资本越来越多地参与到版权经纪与代理服务中来，但还没有形成一定的竞争力，因为民营代理公司在法律层面做得还不够完善，使用方在版权使用上存在隐患，一些有中介服务需求的客体往往倾向选择在法律上有保证的国有机构。虽然越来越多的外资企业进入中国出版中介市场，如贝塔斯曼、DK 公司、汤姆森公司、培生集团、施普林格、爱思唯尔、讲谈社，但尚未形成气候。

我国出版经纪与代理服务机构可以与国外资本充分合作，利用国外的资本和先进出版中介服务理念。政府出台更加实惠的政策，鼓励民营资本积极投入出版信息咨询、评估、会展、经纪与代理等出版中介服务行业。允许部分国营版权经纪与代理机构吸收民营资本，形成以国营出版经纪机构为主体、民营与个体等所有制为补充的出版经纪结构，促进我国出版中介服务业尽快实现规模化、专业化。出版中介企业应建立并完善现代企业制度，进一步深化国有出版中介机构的体制改革，采取独资、合资、股份合作等多种途径，形成多元产权模式的出版中介机构，通过政府支持、社会参与、市场运作的发展模式，壮大出版中介机构，提升其综合竞争力。

（4）网络化发展

服务业网络服务和非网络服务（或称线上服务和线下服务）结合，是网络时代发展的必然趋势。与传统出版中介服务相比，互联网时代的出版中服务应具备网络化特质。第一是出版中介服务的联网，由单体变为组合，出版中介服务机构通过建网互联，构成互联互通的服务网络。第二是服务资源上网，通过合作形成服务资源丰富的资源平台和服务平台。第三是服务工作网络化，变线下手工工作为网络服务。也许有人会质疑，网络的发展，一切信息可以从网络获得，将来可能不再需要出版中介服务，出版社即可完成出版活动。的确，客观上来说，任何出版信息需求者，包括作者、出版社、政府等都可以在网络上获得所需信息，完成一部作品的出版，正因如此，好作品寻找目标读者的过程、有价值信息的甄别和获得会更加困难，这时出版中介服务只会变得更加重要。

（5）国际化发展

中国加入WTO，出版业纳入国际经济大环境，资源在全球范围内配置。我国出版中介服务机构要在世界范围内求生存、求发展，寻找更多服务对象，出版中介服务活动就必须与国际接轨，寻求国际化发展模式。积极促进出版中介服务业国际化进程，一方面有利于吸收国际先进经营管理以及运作经验，紧跟国际潮流，进而在国际市场占一席之地，以主动的姿态，推动我国的出版中介服务机构参与国际合作与竞争；另一方面，有利于优秀中华文化“走出去”。中国出版产业“走出去”，出版中介服务的作用举足轻重，出版中介服务是连接版权拥有者和市场之间的纽带，从事版权引进或输出，为中外出版社版权合作穿针引线，是将中华文化推向世界的排头兵。研究发现，在国外，一些作家能拥有国际知名度，其作品能在世界范围内传播，背后起推波助澜作用的主要就是出版中介服务或经纪人。全球知名的版权经纪人黛比·欧文是以色列作家阿摩司·奥兹的经纪人，在黛比·欧文的推动下，摩司·奥兹的作品被翻译成40多种语言，卖到30多个国家。

（6）全版权化

全版权运营实际上指的是多版权运营，可以把全版权运营看成是一种新的商业模式，作者与出版社签订图书的出版权是一种常见的商业模式，与影视公司签订作品的影视改编权又是另外一种商业模式，除此之外还有很多版权形式。那么，只要商业模式是不断更新发展的，现实中就永远没有全版权，充其量叫作多版权。对此，立法机关也相当谨慎，为了让法律更加全面，《著作权法》第十条规定了复制权、发行权、摄制权、信息网络传播权等十几项权利后，列出了一个兜底条款——“应当由著作权人享有的其他权利”。版权的种类是不能穷尽的。

因此，对经纪人来说，全版权运营并不意味着一定要运营某部作品的所有权利。实际操作中要按照一定的标准，选择性、系统性的运营某些版权，尽可能地实现经济效益和社会效益的最大化。全版权运营促使原来单一的内容为本，发展到技术竞争，即文化与科技的融合创新。在全媒体大环境下，内容生产和发布逐渐实现了全媒体覆盖，这样的构架有利于网络文学与游戏、在线视频等业务部门的交流合作，共同完成策划、市场开拓、运营，从而真正实现包括收费阅读、影视剧改编、动漫开发、图书出版和版权交易的全版权运营。这是内容与技术跨行业的合作与融合，内容、平台和终端等各个环节得到技术支持的同时，也积极与作者、发行商、电信运营商等产业链上的其他利益主体合作，从而建立以内容为依托，不同技术产业的全版权运营，内容技术二元格局被打破，使得各主体能够延伸自己的业务，出版产业和电信、广播电视、互联网、信息等产业之间的边界变得模糊，产业逐渐融合。

二、图书会展服务

（一）图书会展概述

早期图书会展起源于15世纪下半叶，以欧洲印刷商为主组成的较大的图书贸易集市。16世纪下半叶，德国莱茵河畔的法兰克福逐渐成为德文图书发行中心、拉丁文图书国际市场和宗教改革图书的发行中心。1949年，法兰克福开始举办图书会展，现已成为世界上最大的国际图书博览会、文化政治思想对话的国际平台和国际顶级文化盛事。现在国际上有名的图书会展数目逐渐增多，规模也越来越大（表3–2 世界著名图书会展）。

表3–2 世界著名图书会展

图书会展名称	举办国家	展出图书类别	始创时间	举办日期
法兰克福图书博览会	德国	各类图书	1949年	每年10月
伦敦图书博览会	英国	各类图书	1971年	每年4月
美国书商协会年会与贸易展览会	美国	各类图书	1900年	每年5月或6月

续表

莱比锡国际图书博览会	德国	各类图书	1948 年	隔年的 3 月
巴黎图书博览会	法国	各类图书	1981 年	每年 3 月
博洛尼亚儿童图书博览会	意大利	儿童图书	1964 年	每年 4 月
东京国际书展	日本	各类图书	1994 年	每年 4 月
香港书展	中国	各类图书	1990 年	每年 7 月
北京国际图书博览会	中国	各类图书	1986 年	每年 11 月
开罗国际图书博览会	埃及	各类图书	1969 年	每年 1 月底至 2 月初
开普敦书展	南非	各类图书	1995 年	每年 5 月
蒙特利尔图书博览会	加拿大	各类图书	1978 年	每年 11 月
瓜达拉哈拉国际书展	墨西哥	各类图书	1987 年	每年 11 月
新德里世界书展	印度	各类图书	1974 年	每隔两年
巴黎图书博览会	法国	各类图书	1981 年	每年 3 月

注：数据来源于《中国出版年鉴》

（二）图书会展的中介原理

从信息经济学的角度看，会展服务是为参展商和消费者或其他市场主体搭建信息交流平台的第三方中介服务活动，是一种解决经济活动中信息不对称的重要途径。会展利用这一搭建的平台为参展商与消费者或其他市场主体谋求与制造合作机会，实现双方的（商业）利益，可以说是典型的市场中介服务模式。会展市场实现的是信息的“多对多”模式的交流和交易，与一般的市场信息需求和供给方“一对一”的搜寻与交易模式相比，这种模式的转换无论对信息供给方还是信息需求方来说，都极大地扩大了选择空间，降低了交易费用。图书会展为出版商与读者及其他出版市场主体之间架起沟通的桥梁。通过现场图书会展活动的展示与交流，读者可以购书，也可以了解图书信息。出版商等出版市场主体可以了解读者的阅读需求和兴趣，形成明确的经营思路、理念和规划，并找准自身出版优势，明确定位，实行差异化发展战略。图书会展是出版中介机构通过会展这一平台提供的真正意义上的出版中介服务形式，其中介服务形式可以用来表示为：

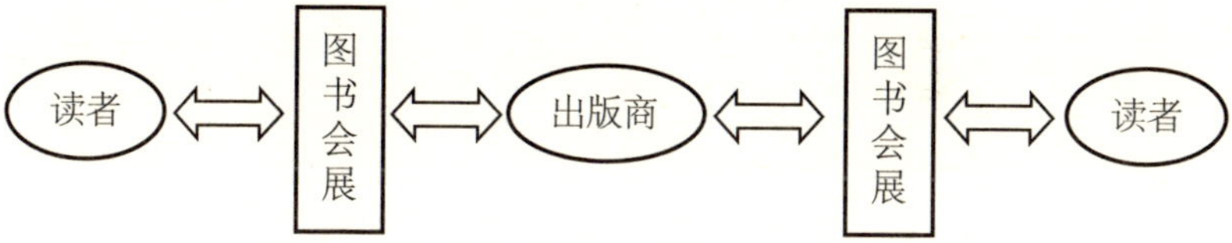

图 3-5 图书会展的中介服务功能示意图

（三）我国图书会展的发展与探索

1. 专业图书会展服务的发端

会展业近几年在我国的长足发展，是活跃我国市场经济的助推剂。虽说图书会展也可以由一般性会展服务机构承担，但由于图书会展的专业性和市场潜力，我国也出现了有一定影响力的专业图书会展服务机构。

2009 年 2 月 9 日，中国图书国际会展中心（中国出版集团公司国际会展中心）在上海虹桥成立，这是我国图书出版行业首家从事国际展览业务的专业性出版会展中介服务机构，中国图书国家会展中心的成立标志着图书出版行业会展中介服务正朝着专业化、国际化、规范化的道路发展（表 3–3 我国图书会展机构）。国家新闻出版署领导及诸多业界和学界人士对出版业这一大事件给予了高度评价，一致认为会展中心的成立为出版行业提供了一条好的发展路径，对于促进出版产业的发展，推动国内外出版信息交流具有重要意义，并对图书会展业的发展充满期待与信心。

表 3–3 我国图书会展机构

图书会展机构名称	机构成立地	机构成立时间
上海书展办公室	上海	2005 年 2 月
上海联合书业会展有限公司	上海	2006 年 3 月
中国图书国际会展中心	上海	2009 年 2 月

2. 典型图书会展模式的呈现

随着文化产业和出版产业进一步发展，图书会展已经成为我国图书版权贸易最为重要的平台之一，形成了北京、上海和香港三大各具特色的品牌书展（表 4-4 我国三大图书会展的特点）。

（1）北京国际图书博览会——国际图书版权贸易平台

北京国际图书博览会（BIBF）经由国务院批准于 1986 年正式创办。首届北京国际图书博览会由国家新闻出版署、教育部、科学技术部、文化部、国务院新闻办公室、北京市人民政府、中国出版工作者协会主办，中国图书进出口（集团）总公司、环球新闻出版发展有限公司承办，每两年在北京举办一次，2002 年开始由两年一届改为一年一届，是兼具版权贸易、图书贸易、文化活动、展览展示、信息交流、业界沟通多功能于一体的国际出版交流的平台，从历届的成果来看，尤其以国际版权贸易最为显著。北京国际图书博览会在服务国际文化交流、促进国际版权交易、加强国内外出版信息的交流与沟通、推动中国出版业“走出去”等方面发挥了不可磨灭的作用，现已发展成有一定国际影响力出版展会之一，是我国图书出版行业一年一度的盛会。

历届博览会中，值得一提的是 2002 年第 9 届和 2006 年第 13 届北京国际图书博览会，这两次博览会对我国探索通过书展的方式促进版权贸易具有重要意义。2002 年第 9 届展会，BIBF 缩短了展会的间隔周期，并且基本确定了展会版权贸易平台定位，第一次以版权贸易为主题举办图书博览会，而这届博览会的各项指标均创历史新高，共签署了版权贸易 8106 种，是首届的 83 倍，博览会成交的数量占当年我国版权贸易总数量 11532 项中的 70.29％。2006 年第 13 届北京图书博览会实现了版权输出合同 1096 项，版权引进合同 891 项，首次实现 BIBF 始创以来图书版权贸易顺差。北京国际图书博览会宛如一个巨大的知识信息中转站，各国出版家、图书业者通过国际书展这一平台可以实现信息的直接沟通与交流。

（2）上海书展——公共文化服务平台

上海书展创办于 2004 年，其前世是 1986 年开始举办的沪版图书订货会、上海图书交易会及上海读书节，历时不长。上海书展创办之初就确立了自身的文化起点和价值坐标，即打破原来订货会的各种藩篱，打破上海地域与全国乃至海外出版文化交流的藩篱。上海书展已成功转型成为全国性的公共文化服务平台，从书业内部交流会发展成为全国性的文化、思想交流平台，特别是转型成为全民阅读等综合功能的大型出版文化盛会，为全国书业提供了一个书香中国的上海实践样本。上海书展正成为上海的城市文化名片，对体现上海这座城市的文化底蕴和文化魅力发挥着重要影响。2013 年 8 月的上海书展倡导品质阅读，在保持展会原有的特色主体和板块的基础上，增设专业场馆、品牌实体书店展区，力求为读者提供更加专业的阅读服务，并且效仿香港书展，根据读者的实际情况和需求，推出七天夜场。展会更加注重读者体验，无论是在空间或时间安排上都显得更加亲民和务实，真正将上海书展搭建成为一个服务阅读的公共文化平台。

（3）香港书展——文化与商业的融合

香港书展于1990年开办，如今已经发展成为一年一度的文化休闲嘉年华，亚洲首屈一指的图书盛会，香港人的骄傲。香港书展开始之初，因为没有任何政府补贴，注定了书展的运作只能依靠市场，运作经费来源主要靠收取门票和展位费,然后用于书展的各种活动及其他经费开支。1990年第11届到2006年第17届的香港书展，单纯从商业的角度来衡量，参观人数从20万人增长至1168万人，参展商从149家增加到434家，展厅面积、展台数量不断增加,每年出版物成交量也持续攀升,可谓商业效果显著。但是在外界及香港媒体的评价中，负面报道也有不少，如书展商业化太严重，讲的几乎是生意经，而且只注重通俗流行文学。正因为评价不高，媒体在书展上也延续一贯的追星八卦式报道，围绕着来书展的明星和追星族做文章，对于书展推动市民阅读、营造文化氛围的正面报道很少见，完全产业化而没有文化内容。之后，贸易发展局通过大量民意调查，邀请香港艺术发展局、《明报》和《亚洲周刊》等文化界团体出谋划策，提出要增添文化内容，让商业与文化两者并重。转型之后的第十八届香港书展如期在香港会展中心举行，展会场地面积达 37225 平方米，7 天接待 76 万人次，占香港总人口 700 万的近 11%，参展商 475 家，各项指标均打破了历届的纪录。香港书展在 16 岁开始华丽转身，从商业转身文化，从卖书转身读书，从推销书到推销名人的讲座，完成了里程碑式的转变。文化与经济之间，没有绝对的二元对立，香港书展发展至今，已将文化与商业完美融合，这也是香港书展的特色。如今香港书展俨然已是个多元文化交流和多元阅读的平台，无论是出版业界还是读者都对其发展前景相当乐观。

表 3-4 我国三大图书会展的特点

书展名称	创办时间	举办地	举办日期	特点
北京国际图书博览会（BIBF）	1986 年	北京	隔年的 9 月	国际图书版权贸易平台
上海书展	2004 年	上海	每年的 8 月	公共文化服务平台
香港书展	1990 年	香港	每年的 7 月	文化与商业的融合

（四）我国图书会展服务的优化

书展发展至今，已经开始超越国界，据统计，全球每年大约有四五十个国家举办近百场国际性的图书书展，遍及五大洲。所有书展的共同目的，就是搭建沟通出版商、图书经理人，读者沟通的中介与平台。对于我国的图书会展事业来说，虽然他国的成功不可复制，但我们可以向他国学习，借鉴他们的成功经验，取长补短、趋利避害。国际图书会展在市场机制、发展模式及行业规则方面有诸多值得我国图书会展业学习和借鉴的发展经验。通过分析国外图书会展的经验，结合本国国情，笔者认为，我国的图书会展可以从完善图书会展的市场机制、建立现代图书会展市场主体以及办出特色等方面加以优化。

1. 完善我国图书会展运作模式

各国的图书会展模式深受本国会展业发展模式的影响，德国和法国的政府干预模式、新加坡和日本的政策扶持模式市场运作模式在这方面颇为典型。德国展览业发达，被冠以“世界展览之国”的美誉，包括图书会展在内各种会展都是典型的政府干预模式。德国很少对其本国的市场经济主体进行干预和限制，但会展业是德国干预的市场领域之一。德国的图书会展主要也是政府主导，采取与出版行业协会合作举办图书会展的模式。美国、日本和新加坡等国家的图书会展采取的是政府与市场结合型会展业运作模式，相对于德法等国政府主导型图书会展的主要运作模式，美国、日本和新加坡的图书会展运作模式明显减少了政府直接干预痕迹，而是采取政府和市场自行调节相结合的模式。美国不存在会展审批制度，任何商业机构和贸易组织都可以进入会展业，如美国书展（BEA）由美国出版商协会、美国书商协会（ABA）和作者代理商组织（AAR）主办，各类商业性的图书会展企业承办，政府主要是对于出版行业协会举办的图书会展进行间接性扶持。日本、新加坡的书展运作模式与美国如出一辙。

分析以上国家书展的运作，尤其是发展背景与环境，发现成功的缘由有三：第一是会展业发达；第二是行业协会等非营利性组织功能完善；第三是市场经济体制发展充分。我国图书会展发展环境还不够成熟，没有形成完善的发展模式，图书会展的运作，需要结合我国实际图书会展发展现状，探索政府主导型运作模式，适度实行会展经济市场化模式。进一步解放思想，在改革体制、创新机制上下功夫，通过改革办会体制和创新现代展会制度及运作模式，让市场化运作更加完善，让图书会展迸发更强的市场活力，发挥更好的优势。

2. 建立现代图书会展市场主体

世界排名前五十的会展公司中，德国所占比例最多，如排名第一的就是承办法兰克福书展的法兰克福国际展览公司，其他还有德国汉诺威展览公司、德国科隆展览有限公司、德国杜塞尔多夫展览公司等。其次是美国，世界排名前五十的会展公司，美国占有十席。代表性的有美国克劳斯公司、爱奇会展有限公司、美国麦杰克国际公司、美国富瑞门集团。日本有CMP日本集团、日本康格株式会社、INC日本杰科姆会展服务公司、JTB联合发展公司等。这些会展公司都是独立的市场主体，实行企业化运作与管理，参与市场竞争。

2009年2月，我国专门从事图书会展的图书国际会展中心成立，标志着我国图书出版行业的会展业务正朝着专业化、国际化、规范化的道路发展。今后，我国还应该努力为图书会展市场主体发展营造公开、公平、公正的市场竞争环境，打破图书会展由政府主导的局面，引导和鼓励企业和社会投资，建立符合现代企业制度的多元化图书会展公司。

3. 明确定位，办出特色

目前，图书展会中比较有影响力的有法兰克福书展、美国BEA书展、伦敦图书博览会、博洛尼亚儿童图书博览会、开罗国际图书博览会、巴塞罗那国际图书博览会、东京国际书展、莫斯科国际书展、北京国际图书博览会等，这些书展都办出了具有可识别性的特色。法兰克福书展经过500多年的发展已经成为全世界最大的综合型书展，伦敦书展以版权贸易见长，博洛尼亚书展是全球最大的儿童图书会展，会莱比锡书展侧重文学类图书的展出，美国

BEA是规模最大的英文书籍展会。这些书展定位明确，个性鲜明，运作规范，值得我们学习。我国的北京国际图书博览会也小有名气，影响力逐增，但是和以上著名国际书展相比，还有一定差距，还未形成可识别特点。结合中华上下五千年悠久的历史文化办出特色，是我国图书会展发展的重要方向。

三、出版评估与鉴定服务

（一）出版评估与鉴定概述

评估，就是估量和评价，通常是指根据一定标准对事物做出优劣判断。鉴定，是指辨别并确定事物的真伪优劣。从字面上解释，评估与鉴定意思相近。从两词的定义可以看出，评估与鉴定工作包括两方面内容：一是对事物做出估量，二是对事物进行评价，其结果是要依据一定的标准对事物做出孰优孰劣的判定。评估活动在人类发展过程中具有悠久历史，通过评估活动人们不仅能够对事物本身做出价值判定，还能够对事物的发生和处理过程进行考察和分析，以总结经验，吸取教训，为今后解决相关问题提供参考和借鉴。

出版评估与鉴定是指，具有相应能力和资质的专业人员或机构受具有相应权力或管理职能部门或机构的委托，根据确凿的数据或证据、相应的经验和分析论证对某一出版资产或出版活动提出客观、公正和具有权威性的技术仲裁意见，这种意见可以作为提供给出版市场的相关委托方的资质级别等信息，也可作为委托方处理相关矛盾或纠纷的证据或依据。出版评估与鉴定服务是随着我国出版体制改革和出版市场的壮大而发展起来的出版中介服务类型。

出版评估与鉴定中介服务在政府、企业、个人之间，发挥着决策支持、监督和信息提供等社会与经济服务功能，在减少社会主体和市场主体之间的矛盾，维护各出版市场主体的利益，传递信息，加速各出版生产要素的流动，保证出版经济活动在公平、公正条件下顺利进行方面，起到了积极作用。

（二）出版评估与鉴定的中介原理

出版评估与鉴定服务是具有相应能力和资质的专业机构提供的，主要站在中立的立场上为出版企业提供评估、鉴定的中介服务活动，其行为具有客观、独立、公正及技术性特征。一般按法律授权接受委托，运用专门知识、智力劳动或技术，作为独立的第三者，为政府、企业、个人和投资者提供服务。从本质上来说，出版评估与鉴定服务机构是利用自身的规模优势和专业优势，降低交易双方的信息不对称性。评估鉴定类出版中介服务主要有助于节约监督成本，通过中介服务对出版企业的行为进行评估，规范出版市场微观主体的经营活动，为出版经济主体、投资人、消费者决策提供支持，引导出版要素合理流动。

根据本文第一章对中介机构所做的界定，出版评估鉴定机构具备中介机构的一般属性：独立的市场经营主体；为出版产品和出版服务交易双方充当中介；以佣金和服务报酬为主要经济收入；涉及出版中介机构与委托方的第三方。出版评估鉴定服务的评估鉴定结果可以直接引发、撮合、促使某项出版交易活动进行和完成，在出版活动和市场中起到了一种架设与充当桥梁的作用，是真正意义上的出版中介服务形式，其中介服务形式可表示如下：

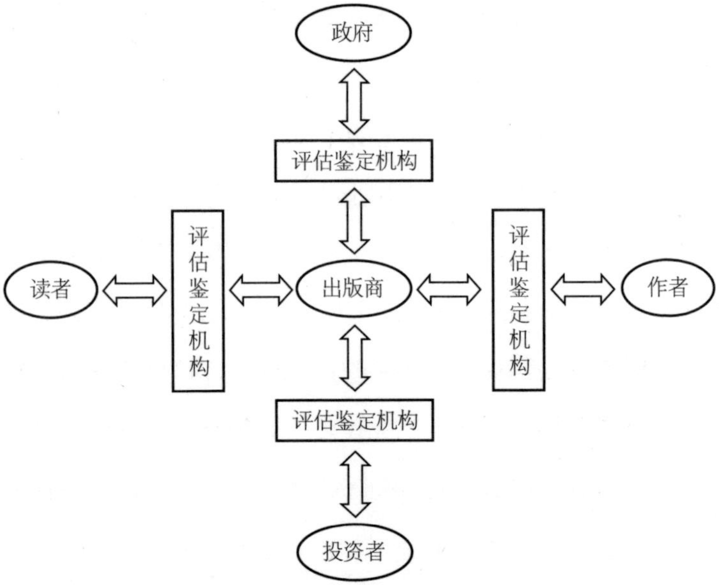

图 3–6 出版评估鉴定机构的中介服务功能示意图

（三）我国出版评估与鉴定服务的发展与探索

1. 出版版权评估鉴定

随着出版业的发展和出版集团上市融资，加之出版产业的特殊性，需要有从事出版资产、安全、资质评估的专门中介服务机构介入。例如，为了顺应出版产业的发展趋势，2007 年 8 月，中国人民大学成立了我国首家版权贸易基地。2010 年 3 月，人大国家版权贸易基地开展版权资产评估准则研究，在此基础上，版权评估中心形成了针对文字作品、音乐作品、影视作品、动漫作品、游戏作品和计算机软件、戏剧及曲艺作品 7 种常见作品形式的评估体系。2012 年 1 月，在版权局和文化部指导下，中国人民大学国家版权贸易基地版权评估中心正式成立，成为目前全国唯一的专业版权资产评估机构，中心制定了规范的评估制度与流程，组建了专家委员会，开展各类版权价值评估，切实做到将理论应用于实践，为文化企业与金融行业对接提供帮助。2012 年 11 月，北京国际版权交易中心版权评估委员会挂牌成立，为原创作品的交易、质押、投融资提供专业客观公正科学的评估服务。该评估委员会包含有原创文学评估、影视版权评估、版权交易与投融资评估、音乐版权评估、艺术品版权评估、法律咨询及维权等七大评估功能。

2. 出版社评估

近年来，随着出版体制改革如火如荼地进行，出版转企改制全面铺开，出版社成为参与市场竞争的市场主体——出版企业。这一形式下，新闻出版业实行图书和报刊出版退出机制是大势所趋，出版社等级评估势在必行。出台科学合理、与市场规律相适应的出版单位评估办法与体系，是出版企业向市场化管理转变的基础环节，是行政部门制定政策和产业规划，加快行业发展的重要依据。2003 年，国家新闻出版署开始着手研究图书出版单位的评估工作，经过长时间和多方调查研究，在广泛听取出版单位、管理部门和社会专家的不同意见的基础上，终于形成了一套定量与定性、项目加权重相结合的图书出版单位评估体系。

2008 年 6 月国家新闻出版署首次启动对全国 500 家经营性图书出版单位出版综合情况和整体水平等级的评估工作，提出将出版社分为综合类、社科类、科技类等若干类别，将出版社的图书出版能力、队伍建设能力、资产运营能力等量化为具体的考核指标，进行科学评估，根据出版社的不同类别，进行分类考核，分别评出若干个等级。这标志着中国出版企业评估制度的正式建立。政府为了加快转变职能，从 2008 年开始，将我国出版社的评估工作交由中介服务机构来承担。中介服务机构本着独立性和公正性的原则，对出版单位进行科学评估，中介服务对出版单位的评估数据与结果，是政府决策的重要依据。

中国社会科学出版社王磊称，“以前对出版社都是行政评估，评估的结果跟书号分配挂钩，如果被评上优秀出版社，就能得到更多书号，现在改为社会中介组织评估，应该可以更科学更准确一些，以前的出版社只进不出，如果以后有出版社资不抵债，就可以让它退出”①。

3. 新闻出版职业技能鉴定

职业技能鉴定是一种特殊的考试形式，是指按照国家规定的职业技能标准或任职资格条件，通过政府认定考核的鉴定中介机构，对劳动者的技能水平或职业资格进行客观公正、科学规范的评价与认证的服务活动。其实质是对劳动者的工作能力进行评估鉴定，为用人单位提供劳动者工作能力的相关资质信息，有利于劳动合同的完成。新闻出版行业的职业技能鉴定，是政府指导下的职业技能鉴定社会化管理体系的重要组成部分。

1998 年国家劳动部公布了 102 个首批行业职业技能鉴定试点特有工种。新闻出版行业有图书发行员列入其中。同年 3 月，国家广播电视总局（原新闻出版署）、劳动部联合发出《关于对图书发行员实行职业资格证书制度的通知》，决定对图书从业人员进行职业技能鉴定，实行就业准入控制和职业资格证书制度。1999 年 10 月，国家广播

①中国网 . 出版评级将出台 分出版社类别考核 [EB/OL].（2008-05-07）[2013-12-27].http://www.china.com.cn/book/txt/2008-05/07/content_15091543.htm.

电视总局（原新闻出版署）职业技能鉴定指导中心成立，其后北京、天津、上海等 13 个省（区、市）相继建立了出版行业职业技能鉴定所（站）。2000 年，新闻出版行业特有工种职业技能鉴定工作规划、有关制度、办法和工作程序等政策性技术性文件配套出台。随着我国加入世贸组织，出版物市场竞争更加激烈，2002 年，我国各省（自治区、直辖市）出版行业职业技能鉴定所（站）的工作全面铺开，进入常规化管理阶段，全面完成考评员培训和考核工作。《新闻出版行业特有工种职业技能鉴定站年检办法》《年检评估项目、内容及评分细则》以及《出版物发行员国家职业标准》的颁发，标志着新闻出版行业特有工种就业准入政策和职业资格证书制度步入了更全面、更完整、更规范的新阶段。从认证方式上看，我国新闻出版职业技能鉴定采用了国际通用的第三方认证的现代认证规则。所谓第一方认证或者第二方认证，实质上就是培训机构或者企业机构自培训、自认证的传统方式，而第三方认证则是独立于供给和需求双方的第三方，即由政府授权的独立鉴定考核机构对劳动者的职业技能做出认证，第三方认证具有客观公正、科学统一、降低费用及有利于国际接轨和交流的特点。

（四）我国出版评估与鉴定服务的优化

美国对出版物的评估活动明显少于对资产的评估活

动，但是美国从上世纪末开始启动的“2061 计划”教材评估项目则是典型的出版物评估项目。1985 年，美国启动了旨在提高中小学教材质量和教材改革的“2061 计划”，该评估项目制定了一整套具体、可量化的指标和操作步骤，同时为美国的各级教育工作者、教育研究者和教材出版商提供了一个切实可行的、有效的教材评价工具。我国出版行业评估与鉴定服务业起步时间晚，但也制定了相应的评估与鉴定标准、管理体制、法律法规和组织实施流程。基本符合市场经济体系下我国出版企业的管理模式和出版从业者择业的市场规律。不过整体而言，我国出版业评估与鉴定中介服务还有待优化。结合美国的 “2061 计划”，本研究对我国出版评估与鉴定中介发展提出以下四点建议。

1. 优化评估与鉴定指标

对事物的评价和鉴定标准是动态的，而非一成不变的，无论是对出版单位、出版从业人员和图书版权等生产要素的评估工作，还是涉及无形生产要素的评估与鉴定。随着数字出版大环境的出现，以及无形资产作为重要生产要素收益能力的增强，数字出版能力和无形资产的运营能力也应该成为经营性图书出版企业等级评估的重要指标，以确保评价指标体系的科学性、适用性和可持续性，可以在我国现行经营性图书出版单位等级评估指标体系中加入以上评价指标。

表 3–5 我国现行经营性图书出版单位等级评估指标体系

目标层	一级指标	二级指标
出版企业等级评估	图书出版能力 A	图书内容质量 A
		专业品牌特色 A
		重点图书出版情况 A
		获奖图书情况 A
		图书再版重印率 A
		图书编校质量 A
		图书印装质量 A
		获奖图书情况 A
		图书再版重印率 A
	基础建设能力 B	社领导岗位培训 B
		主业人员持证上岗 B
		编校人员职称结构 B
		从业人员受表彰情况 B
		制度建设 B
		信息化及数字化建设 B
		办公条件 B
		单位受表彰情况 B
	资本运营能力 C	净资产收益率 C
		主营业务销售收入增长率 C
		图书品质平均利润 C
		速动比率 C
		主营业务销售收入 C
	违规记录 D	违纪违法 D
		降级项 D
	附加项目 E	公益事业 E

2. 扩大评价视角

对出版产业的相关评估与鉴定不应局限于对出版单位的评估，可以扩展出版评估的对象，出版产业链上的任何一个环节都可纳入评估体系之内，服务者也应该尽可能涉及利益相关者。一方面，我国出版企业是国有企业，主要是由要国家投资，出版企业资本的所有者是国家。政府部门通过实施出版企业的等级评价工作了解和掌握出版企业的经营效益与状况，以便于进一步地采取决策。另一方面，随着出版体制改革的推进，出版集团的组建与上市融资，出版企业制度发生了变化，其中资本的构成也呈现多元化的趋势。出版企业利益相关者数量增加，除了政府，还有股票持有者、员工、读者和其他社会机构。因此，评估的服务主体应扩大评价视角，做出相应调整，从而为委托人或出资人的服务扩大为出版企业的所有利益相关者服务。美国教材评估“2061 计划”，其实质是阶段性启动某些评估项目，并不只限于传统评估对象，扩大了出版评估与鉴定视角。

3. 制定科学严密的评估程序与方法

评估程序的严肃性和规范性和评估方法的科学性，是保证评估公正性的前提。我国经营性图书出版单位的评估工作、新闻出版从业人员职业技术鉴定以及相关出版生产要素的评估与鉴定工作才刚刚起步，评估经验稍显不足。出版单位的评估可以总结和借鉴国际成功的评估活动的一般程序：提出评估目的和需求、明确评估主体、评估主体进行评估设计、评估信息采集、综合分析与反馈、编写评估报告。在整个规范的评估过程中，一定要明确评估的目标是什么，是外部的监督检查还是内部的决策服务。当下，我国经营性图书出版单位的评估目标更侧重于监督检查的评价导向，因此，在评价主体的选择上需要选择利益非相关的中介服务机构，以保证评估结果的公正性。

出版单位评价的方法多种多样，可以采取借鉴生产性企业评估的方法，如同行评议法、特尔斐法、层次分析法等，还可以对多种评估方法进行集成，现代企业的绩效评价体系应将定量评价方法与定性评价方法相结合。

4. 构建多维度出版评价系统

出版企业的经营绩效是多因素、多层次、多角度共同作用的结果。因此，在对经营性出版单位进行评价时，使用多个单项指标或者完全以“投资者——政府”为视角的评价取向，可能无法满足对出版单位全面评价的需要。在出版转企改制之后，对出版企业的价值理解不能仅仅限于国有资产价值的最大化，还应该考虑其他方面的因素。其一，出版企业的员工是企业的主人，职工自身价值和企业价值直接相关；其次，信贷资金在我国出版企业资金供给来源中占了一定的比例，因此，在出版企业的评价体系构建中，要构建以投资者、债权人、员工、政府、社会五个方面价值最大化的多维度、平衡式企业绩效评价模式。

四、出版咨询服务

物质、信息和能源被公认为是构成社会的三大要素，甚至有学者撰文《信息是比物质和能源更为重要的资源》。现实世界物质、信息、能源缺一不可，提出此种论断可见信息对于当今社会经济发展的重要性。特别是开放式创新环境下，强调打开创企业和外界的边界，实现企业内部知识资源和外部知识资源的利用与整合。企业要做到创新和发展，仅凭一己之力显然是不够的，还需要整合利用外界创新系统内的知识，这种专业化的服务称之为信息咨询。信息咨询业是产业分工进一步细化和深化的结果。在欧美等经济发达国家和地区，上至政府决策，中至各种企业投资与企业管理，下到个人发展，都可见咨询服务业的足迹。据相关调查数据显示，世界500强的企业有50%左右都拥有长期合作的国际著名咨询公司，100%接受过多次咨询服务。咨询服务有效促进了内部资源的合理配置。

咨询是有关人员运用信息、知识、经验、技术和智能，向用户提供信息和智力服务的一种活动。现代咨询活动中，咨询主要是指建立在广泛深入的调查和研究之上的提出质疑和寻求答案的活动，通过提出合理的方案，它可以使企业获得新的思想、方法、技术和技能，在市场竞争中保持优势、获得较好的发展前景。管理科学、计算机科学、信息科学、系统科学的产生和完善，专业咨询机构的诞生，咨询活动的进一步产业化和社会化，成为社会活动的重要方面。咨询公司的服务范围也进一步扩大，包括政治、军事、经济、管理等领域，深入到各行各业。大数据时代加深了这种发展趋势，并使咨询服务的专业化、深层次、前瞻性和指导性特点更加突出。

（一）出版信息咨询服务概述与中介原理

1. 出版咨询的含义与中介原理

信息咨询是以智力为主要资本，以信息资源为基础，以科学技术为基本手段，综合运用知识、技术为社会提供信息咨询产品和服务的行业，为市场交易活动提供信息和咨询。出版业信息咨询主要是为出版行业提供图书行业咨询、研究与调查等服务的出版中介服务（信息咨询服务的中介功能如图 3–6 所示）。主要致力于为出版机构和出版市场的沟通提供相关信息和技术支持，“协调出版行业信息不对称”是出版信息咨询服务产生的主要原因之一。

2. 出版信息咨询服务的类型

信息咨询有广义和狭义之分，广义的信息咨询包括三个层次，第一个层次为基础层，主要提供市场信息的调查、收集整理与分析的信息和数据；第二个层次为核心层，主要投融资、财务、法律、人力资源等方面的咨询服务；第三个是高层次咨询，为企业、政府战略决策、规划提供智

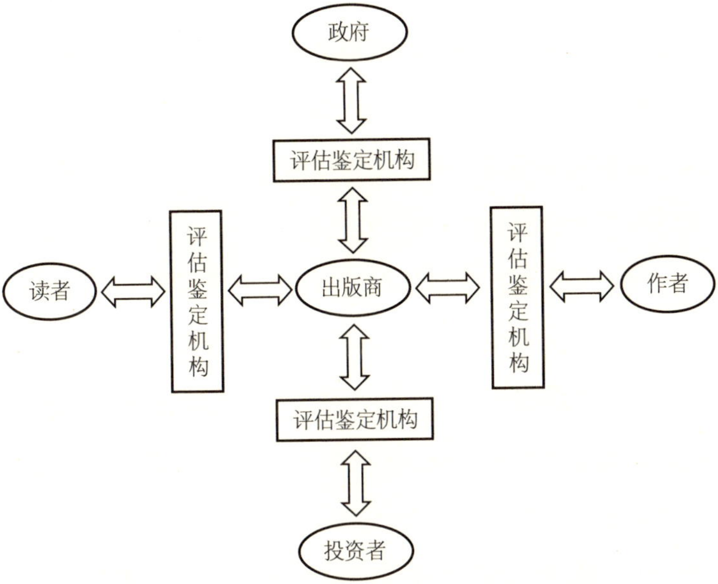

图 3-6 出版咨询机构的中介服务功能示意图

力服务。狭义的信息咨询是指第一层次（基础层）的信息咨询。

（二）我国出版咨询服务的发展与探索

1. 我国出版咨询服务的发展条件

咨询服务业作为一个行业始于20世纪30年代的美国，2000 年全球管理咨询业的年收入已超过 800 亿美元，欧美一些主要发达国家的管理咨询业以每年 20%—30%的速度增长，世界 500 强的企业中 60%左右的公司都拥有自己长期合作的国际著名咨询公司，几乎所有全球 500 强企业背后都有咨询公司服务的影子。

我国出版咨询业自 21 世纪初就已经萌芽，到目前为止，有 30 多家出版集团做过出版咨询。

（1）国家支持研究型第三方咨询服务的发展

2007 年阎晓宏在北京开卷信息技术有限公司调研时表示，支持研究型第三方咨询服务机构发展。

阎晓宏指出："中央关于深化文化体制改革的有关政策，强调要建立健全市场中介机构和行业组织，提高文化产品和服务的市场化程度，推行市场开发、市场调查、信息提供、法律咨询等专业化、社会化服务。我们贯彻落实中央精神，深化出版发行体制改革、推动出版产业做大做强，必须重视培育出版发行等领域良性发展的第三方咨询机构。在市场经济条件下，需要专门的第三方咨询机构，汇聚、整理并分析行业的真实信息，全面、及时、准确地反映行业状况及存在的问题"①。丰富数据与政府的支持的保证，成就了出版咨询服务发展的沃土。

（2）大数据条件下，出版咨询服务的需求

大数据时代的到来，科学的数据监测、管理和分析系

①王佳欣 . 新闻出版总署支持研究型第三方咨询机构发展 [N]. 中国新闻出版报 ,2009-07-08(002).

统的建立使得以数据为基础的咨询服务得以发展壮大，拥有数据本身和大数据分析技术的公司便占据了天然优势地位。我国出版社正处在变革时期，广大传统出版机构既没有国内外领先企业的经验资料统计和市场数据资源，也没有分析大数据的技术水平和设备，处于盲目而被动的发展状态。这种情况下，出版社若要充分利用大数据的价值，首先必须获得社交网站、搜索引擎、电子阅读器、网上书店等数据拥有者的数据使用权，再与数据分析机构合作，通过对分析总结的数据进行再利用以获得价值，从而在出版的相应环节中指导发展。但数据的价值没有一个可作参考的行业标准,数据分析作为一种产品其价值也难以衡量，这便大大增加了对数据科学使用的难度。有些在出版产业链中实现一体化的公司出于自身利益考虑或其他原因，拒绝向出版社公开数据或提供数据使用权，因此，专业的出版咨询服务及机构的存在对我国出版业的发展必不可少。

2. 我国出版信息咨询服务的探索

我国有大大小小 570 多家出版社，9000 多家期刊社，2000 多家报社，起初真正为出版业提供咨询的专业咨询公司很少，加入 WTO 后，我国咨询业得到迅速发展，图书咨询公司也开始出现,当时的出版咨询公司主要有四类:一是专业出版咨询服务；二是数据研究型出版咨询服务；三是综合性咨询公司的出版咨询服务；四是全流程的出版咨询服务。

（1）专业出版咨询服务

专业信息咨询是指针对某一行业或专业领域中的问题所进行的咨询活动，一般来说，这类咨询活动所涉及的面较窄，专业性强。不言而喻，出版业信息咨询就是专门针对出版行业所进行的各种咨询活动。

专业化的出版咨询服务模式主要是指针对出版企业的某一具体方面做完备的咨询服务，像是品牌建设、业务模式等。上海杰信咨询有限公司在品牌咨询领域居于翘楚地位，杰信咨询－新华文轩集团品牌战略规划项目是其在专业领域内为出版业做咨询服务的成功案例。2010 年新华文轩以总价人民币 12.55 亿元收购四川出版集团 15 家全部子公司的全部股权，以股权并购方式向产业链上游延伸，实现产业链一体化经营，此时梳理清楚集团品牌与旗下各事业板块及子公司的品牌架构关系显得极为迫切。根据对新华文轩集团各个方面数据的了解与分析，杰信将新华文轩品牌构架规划为总品牌名称＋业务类型，集团品牌成为产业双品牌的综合品牌模式。

成立于 1998 年的开卷信息公司（以下简称“开卷公司”）是专门为出版行业提供信息整合服务的第三方机构，是“全球唯一一家从事中文图书市场零售数据连续跟踪服务的专业机构”[①]。开卷公司的服务对象包含行业主管部门、海内外多家出版集团与400多家图书出版单位、2000多家书店、数字内容运营销售平台以及部分作者。他们通过开卷的服务，了解国内阅读趋势、行业发展状况、市场竞争格局，调整企业发展战略、经营管理思路，改进流程，提高效率。开卷凭借着在书业领域的专业研究获得了媒体的信任，与中国新闻出版报、新华网、新浪网、凤凰网、中国经济网等多家媒体建立了长期合作。开卷公司构建的一般图书市场评价体系，成为出版业进行决策与运作以及读者选择图书的重要依据，在市场和出版企业之间起到了很好的信息沟通作用，有利于优化出版资源配置，为出版产业的良性发展做出了重要贡献。在强调深化我国出版体制改革，建立健全出版市场中介机构和行业组织的背景下，出版市场需要由专门的第三方咨询机构提供专业服务，以汇聚、整理和分析出版行业的真实信息，服务于出版市场。开卷公司的总经理孙庆国表示："开卷始终致力于做一个中立而专业的中介机构，这也是产业化发展的要求"。

商报 · 东方数据是另一个致力于出版业咨询的出版咨询品牌，由中国图书商报社与东方出版交易中心联袂打造，旨在为图书出版发行业提供最及时、最全面的数据和信息咨询服务，目前已有中国出版物流通监测系统和《商

①娜拉，孙庆国．做书业的专家服务商 [J]. 出版参考 ,2009(01):8.

报 · 东方图书报告》系列产品。

华道咨询目前的定位还是出版咨询，国新出版物数据调查中心就是为规模较小的发行商和出版商做完整准确的发行数据统计。华道咨询在客户数据分析方面有着独到之处，每一本杂志分销流程结束之后，华道咨询就会进行销售数据分析，对每个零售点的销售情况都精确统计。由此得到的读者分布情况数据，对杂志社和广告商来说，这些数据无疑具有很高的价值。我国出版企业非常需要像华道资讯这样的专业出版信息咨询公司。

（2）数据研究型出版咨询服务

北京开卷信息技术有限公司是一家提供专业图书行业咨询、研究与调查服务的商业机构，是国内图书产业市场信息和咨询服务第一提供商。开卷也是全球最大规模中文图书市场零售数据连续跟踪监测系统的建立者，目前该系统已涵盖国内 890 多个地县城市的 2000 多家图书销售单位，开卷以此系统为基础发布的畅销书排行榜是目前国内最权威的图书销量排行榜。经过多年积淀，开卷现已拥有国内最快、最全的书目信息库，目前，该书目库涵盖的书目信息已达 320 万条。

开卷对书店类事业合作伙伴提供的服务包括提供全国图书零售市场数据、数据整合与分析、市场分析、数据查询、书业信息整合提供、经验交流等服务，开卷还可根据各书店的个性需要尽可能提供详尽的定制服务。2014 年 6 月，开卷又通过书店在线系统，为用户提供基于网页的图书数据查询服务，进一步丰富优化了产品内容，为书店采购、配货、上架、销售、退货等环节实现精细化管理提供支持。

（3）综合性咨询公司的出版咨询服务

随着出版体制改革的推进与出版产业的发展，出版企业所面临的环境也发生了翻天覆地的变化。数字化、移动互联、物联网改变了传统出版的内容生产方式、传播方式和消费方式，如何重新找准自身定位，打造市场化运作的业务模式以及持续的创新能力，不断提升盈利水平与企业规模，是出版企业必须解决但似乎又显得有些力不从心的问题。正是在这样的情况下，许多综合性信息咨询公司看准了这一广阔市场，进军出版传媒咨询服务业。目前，国外著名的麦肯锡、德勤、毕马威等综合性咨询公司纷纷抢滩中国市场，我国本土的咨询公司品牌也渐成气候，新华信、汉普、北大纵横等都是比较有影响力的咨询公司。

有些信息咨询公司还专门开辟了出版传媒行业专项服务，在这一领域做得最为出色的是上海起源科技股份有限公司。上海起源科技股份有限公司与中国出版传媒产业咨询项目合作始于出版体制改革之初，已达 10 年之久，企业竞争力远优于对手，曾为凤凰出版传媒集团、中南传媒集团、新华文轩、长江出版集团的组建和发展提供项目咨询服务。上海起源科技股份有限公司在全国十余个城市设有分公司，从发展规模来看，是中国最具实力的综合型咨询服务机构之一，是出版传媒产业变革和发展的助推器。

（4）全流程的出版咨询服务

随着咨询业的不断完善与发展，多数管理咨询公司将自己的业务范围扩大到出版领域，依据已有的丰富企业咨询经验，这类公司针对出版行业往往采用全流程的咨询服务模式。全流程的服务主要包括以下几个方面：①出版传媒企业发展战略规划与业务模式设计；②创新型业务的商业模式设计与可行性研究；③大型出版传媒企业的组织与集团管控；④薪酬与绩效体系设计；⑤业务流程重组与改进；⑥物流与供应链体系规划；⑦连锁经营体系规划与设计；⑧信息化咨询服务；⑨ IT 解决方案。

（三）我国出版咨询服务的优化

1. 国外出版信息咨询

国外企业在筹建、生产、销售、市场投资整个产业链的各个环节，都非常重视信息咨询，一般会通过信息咨询获得准确的信息和数据进行各项决策活动。有的大型跨国公司进行海外拓展时期，用于信息咨询的费用大概占到了总成本的 1/3，可见海外公司在发展过程中对信息咨询的重视程度以及信息咨询的重要性。美国作为一个咨询业和出版业都非常发达的国家，出版公司达到 10000 多家。为适应出版咨询的需求，美国有为数不少的专门为出版公司服务的出版咨询公司，这些出版咨询机构招纳网络、图书、杂志等方面的出版界精英人士和专家，提供包括设计、市场研究、流通、广告与销售、战略计划制订和经营管理方面的咨询服务。曾任《科学》杂志编辑和多家出版社总裁的 Robert Ubell 就在纽约设立了自己的传统印刷及电子出版咨询公司 Robert Ubell Associates，其客户包括爱思维尔、麦格劳·希尔、威利等著名出版商。

2. 我国出版咨询中介服务的优化

我国出版咨询业处于缓慢发展阶段，与发达国家相比还存在诸多缺陷，如服务模式不健全、专业的咨询人员短缺等。数据分析技术的发展一方面给咨询服务增加了便利性、科学性和专业性，另一方面数据本身的多样性和快速性也要求我们增加对数据采集和利用等方面的谨慎。因此，在大数据背景下，为促进我国出版咨询业的健康与持续发展，本研究提出以下四点优化建议。

（1）提供一站式咨询服务

我国出版社转企改制，不是细枝末节的改革，涉及出版企业的经营理念和管理方法、出版企业流程再造、人力资源培训、以及市场重新定位等大环节。小到需要对出版产品设计、出版产品定位、目标读者细分、竞争对手情况、操作团队选择等进行决策，这些并不是出版企业自身能完全胜任的。长期以来，我国出版企业存在经营数据缺乏和运作依据缺失等问题，无法适应企业化运作与管理，迫切需要专业咨询服务在各个环节上提供较为完善一站式咨询服务。

一站式咨询服务是为出版企业提供所需各种咨询的全方位服务，无须东奔西走，咨询多家信息咨询公司，从而节约成本、提高效率。包括市场研究、出版调查、业务规划、营销策划、战略规划、投融资与改制上市、人才培训等各种服务。这种一站式服务模式的主要服务目标是中小型出版企业，但对咨询服务机构要求较高，需要高度整合自身资源或与同行合作，而且目标客户相对稳定。

（2）致力专业化细分服务

服务的专业化和细分是相辅相成的关系，只有做好市场细分才能提供专业化的服务，而专业化的服务反过来又能促进市场进一步细分。出版咨询专业化细分模式对出版市场进行细分，或者专注于出版的某一环节，如提供数据与信息咨询、监测评价、经营培训、管理咨询等，或者专注于某一领域，如出版集团、报业集团、出版社、期刊社。当前出版咨询界尚无拥有绝对领先优势的龙头企业的情况下，一些资金、人力规模较小的出版咨询公司要想获得长足发展，必须做到有专攻，有特色，把咨询服务目标聚焦在某一特定的出版细分市场和某一类客户群，方能形成一定的行业市场竞争力。例如，专注于图书销售环节的开卷公司，以及对报刊的广告销售情况提供全面监测数据和产品的慧聪公司都是以专业化服务打开市场的。

随着出版社转企改制走向市场，以往的寄生模式被打破，需自谋生路，和其他媒体一样接受市场的残酷考验。这迫使出版企业不得不尊重市场规律，潜心研究企业管理和市场竞争战略，同时也为出版咨询带来良好的发展机遇和空间。因为专业出版咨询公司能满足出版媒体调查、战略策划、人才培训筹划、经营管理等方面的专业需求。此次改革浪潮中，出版媒体更需要的是高层次管理和战略咨询服务。而现实情况是，中国的出版咨询服务业大多提供基础的信息咨询服务，这迫使我国出版咨询业应重点构建为出版传媒管理制度建设、规划设计、业务流程优化、竞争策略和出版媒体诊断等高层次的咨询服务。我国大部分出版传媒的经营管理者，很多都没有从事过企业管理，加之自身知识结构背景，对出版传媒管理的需求空间大。其次，出版企业的高管已经开始问计于咨询公司，一些出版和发行单位、有远见的民营文化公司，甚至请企业咨询专家到企业做战略与管理方面的高端咨询服务，北大纵横、和君创业、新华信正略钧策等本土企业咨询的第一梯队，已经在高层咨询市场上占有先机。

（3）出版咨询服务团队的优化

发达国家的出版咨询服务机构的服务团队一般包括网络、图书、杂志方面的出版专家和编辑专家，资深出版人士，以及从事设计、市场研究、流通、广告与销售、战略计划制定和经营管理方面的专家。

出版咨询服务从业人员的工作性质决定了他们必须有较高学历，需要通过出版业资格考试，获得出版咨询资格证书，并登记注册。服务团队应该由学历和知识结构合理的人员组成。美国兰德咨询公司，专家所占比例是公司总员工的 80% 以上，工程技术人员占 20–23%，物理学家占 10%，数学家占 15% 左右，计划统计专家占 9%，经济学家占 15%，社会学家占 6%，运筹学家占 4%。虽然说这样高层次的专家团队组合目前在我国难以实现，但这些经验仍值得借鉴与学习。

任何公司的发展都离不开人才，咨询服务是以知识为基础的专业化服务行业，因此，出版咨询公司在为出版企业提供人才培训的同时也需要壮大自己的专家团队。兰德集团有 50% 的员工均为专业研究人员，除自身的高素质结构之外，还向社会上聘用了约 600 名全国有名望的知名教授和各类高级专家，作为特约顾问和研究员，他们的主要任务是参加兰德的高层管理与对重大课题进行研究分析和成果论证，以确保研究质量及研究成果的权威性。

我国还没有形成有效的咨询服务人员管理机制，咨询公司对相关专家的吸引力还不够高，而大数据背景下，对数据采集、分析、利用，并能结合咨询对象的特点从数据中获取隐藏信息的人才成为重要缺口。同时，精通出版、管理和营销等方面知识的专家成为出版咨询服务的核心力量。因此，出版咨询公司应建立严格有效的人才管理机制，提高团队素质，在大数据的有利背景下，使咨询服务更好地为出版业各个方面提供支持。

（4）建立完善的数据监测与分析系统

大数据来源主要包括：媒体数据，尤其是互联网、社交媒体产生的数据。企业的生产、销售、管理等数据。政府部门的产业政策、公共服务、税收、财政等数据。物联网、各种传感器及摄像头产生的数据。民众个人、家庭留存的文字及音像数据。

专业的管理咨询公司在发展过程中不断扩大自己的业务范围，将出版传媒行业的咨询服务作为自己的职能之一，这类公司虽建有自己的企业信息数据库和咨询案例数据库，但由于大数据涉及面众多，相关数据庞杂，目前政府信息的公开性不够，开放的、公共的社会网络环境还未形成，权威可信的第三方数据统计机构缺位，使得很多数据难以获得，影响大数据的完整性和综合性。另外，数据的高速性、规模性和多样性，还要求出版咨询公司拥有与时俱进的专业化数据分析技术，增强对数据潜在价值的挖掘与利用。

因此专业的管理咨询公司应加强数据库建立，针对出版行业建立数据监测系统，做好信息采集工作，规范数据管理，不断完善数据分析技术，让大数据服务于出版业的各个方面。

（5）重点发展出版战略管理咨询服务

王建荣将传媒咨询服务的层次分为三类：①传媒信息咨询，传媒咨询的基础层。主要从事传媒市场调查，手机整理和分析业务，为传媒及广告公司决策提供准确完备的辅助信息。②传媒管理咨询，传媒咨询的核心层。主要按照传媒管理的各个层面分为各专业业务领域，如财务会计咨询、市场营销咨询、人力资源咨询等。③传媒战略咨询，传媒咨询的高层。主要为传媒提供战略设计、竞争战略、业务领域分析与规划设计等服务。参照传媒咨询服务的三个层次，可以相应划分出出版业咨询服务的三个层次：出版信息咨询、出版管理咨询和出版战略咨询。

目前我国管理咨询公司的咨询业务多涉及出版管理和出版战略咨询，发展较为成熟，但对大数据的采集、分析和应用能力较为薄弱。以建立数据信息系统为基础的诸如开卷和商报·东方数据这类第三方咨询公司，业务主要处于咨询服务的初级阶段。只是拥有完善的数据信息监测和分析系统，对于公司咨询业务的发展是远远不够的。这类公司应以数据作为支撑，以基础层的服务为基础，引进管理、技术等方面的高级专家和人才，深化咨询服务，朝着核心和高层咨询服务发展。

（6）充分利用大数据

大数据的高速性和多样性要求我们保有审慎的态度，当数据来源变得多元化时，要考虑数据本身的真实性、可靠度和质量是否有保证。以消费数据为例，消费者在消费时往往受周围其他环境因素影响，他们对于自身的真实需求没有明确认知，因此，基于消费者的数据分析有时可能导致不科学的结果。

另外，不同的咨询公司在建立数据信息系统时可能存在不同标准。同是畅销书排行榜，开卷公司与商报·东方数据都有各自的排行标准，两者分别将自己的数据用于书业的咨询服务则会有不同侧重。要保证服务的有效性，就必须谨慎对待大数据，选择数据时应综合考虑数据信息是否具有代表性和价值，分析数据时应注重分析各数据之间的相关关系。咨询公司在建立数据监测和分析系统时，需要将监测与甄别都考虑在内，及时剔除异常数据，选择有价值的分析数据。

第四章 出版中介服务平台建设

市场经济发展的实践证明，出版生产要素的有效流动和信息的充分透明是市场良性运作的重要前提和保障。构建出版中介服务平台，不但可以满足出版市场供求双方的需求，而且能够有效集成出版中介服务的某类或各类服务功能，快速高效提供出版企业所需的相关出版市场信息和服务。

第一节 出版中介服务平台建设的理论分析

为克服我国当前出版中介服务发展规模速度慢、经验不规范等弊端，当务之急是建设相关出版中介服务网络平台。依靠网络服务平台，对出版中介服务机构而言可以实现资源共享，互通有无，扩大影响。对出版中介服务需求方而言，可以择优而取；对于政府而言，可以达到加强对出版中介服务与服务机构的规范化管理效果。

一、价值诉求

出版中介服务平台的功能主要体现在聚集资源、连接供需、服务社会与要素整合上，是集信息、市场、人才、服务、政策法规等诸多功能为一体的综合性服务平台。其价值主要体现在以下四个方面：

（一）出版中介服务平台的信息沟通价值

在我国出版生产活动产业化和市场化的过程中，出版市场信息不对称不断加剧，急需第三方机构建立和发展专门化的出版中介服务平台，为出版市场供求双方传递和反馈各类信息。出版中介服务平台将出版产业上游的出版要素等信息向下游转化和传递，与此同时，出版中介服务平台也将出版产业链下游的图书市场需求信息及时反馈给上游的出版机构，从而实现出版产业链上下游之间、产业链节点之间信息的双向沟通，以降低信息不对称造成的生产成本增加，另一方面，还可以减少重复创造和劳动导致的损耗。我国出版业与世界各国进行出版业务交流的“走出去”过程中，同样也离不开出版中介服务的支撑。出版中介服务凭借专业化和丰富经验，将图书出版资源和信息传递出去、导入进来，如果只依靠出版社本身的能力去获取和甄别所需信息，会存在提高交易成本和增加交易风险的可能，而专业化的出版中介服务可以最大限度地降低此类风险。

（二）出版中介服务平台的资源整合作用

出版中介服务凭借其在出版产业链中的信息纽带功能和承上启下功能，优化配置出版资源使其合理流动。理论上来看，出版中介服务平台能将不同属性的出版资源共享平台、出版资源交易平台、出版资源公共服务平台等分散的服务平台，进行组织协调，构建资源共享、服务整合、分工协作的综合性运行平台，进而形成与出版产业发展相适应的功能完善的出版产业中介服务体系。同时，通过出版中介服务平台，还能实现对各类出版中介服务及其服务机构的整合，特别是通过现代网络技术构建的网络服务平台，能将各类出版中介服务机构形成网络联盟，共同在出版中介服务平台上发挥作用，实现一体化、一站式中介服务。

（三）出版中介服务平台的市场培育功能

我国出版中介服务业发育较晚，各类中介服务机构发展不均衡，没有出版产业发达国家完善的出版中介环境与制度，导致出版中介服务体系薄弱，对出版产业的发展极其不利。因此有必要利用现有的各项技术条件和政策条件，将出版中介服务机构有机集结起来，形成网络联盟，如建立作家经纪平台，将全国的各大中小型的作家经纪机构通过平台组织起来。通过构建出版中介服务平台网络联盟，实现对出版中介服务的推动作用。在出版评估与鉴定、出版信息咨询等某些服务比较薄弱的中介服务环节，鼓励发展和建立网络型服务平台,培育和发展出版中介服务市场。

（四）出版中介服务平台的示范引导功能

建立出版信息集成、功能集成和服务集成的出版中介服务平台，能集中多个中介服务机构或某一类出版中介服务，这在一定程度上可以打破各类出版中介服务活动与服务机构的分散和闭塞状态，为其他中介服务平台的建设起到带动引领、典型示范的作用。

二、建设原则

（一）政府主导、联合建设原则

政府在出版中介服务基础性建设方面发挥着主导性作用，因此，在出版中介服务平台建设过程中也应坚持政府主导原则，充分发挥政府的投资、规划及服务主体的作用。同时，引导其他出版中介服务机构和社会力量发挥其主观能动性，广泛参与出版中介服务平台的建设，通过统一规划、合理布局、联合建设、分步实施、逐步推广，为出版市场的发展搭建方便快捷的出版中介服务平台。

（二）开放性原则

在出版中介服务平台的建设过程中，坚持开放性原则主要包含以下四方面：第一，平台建设目标的开放。即出版中介服务平台的建设不仅以为出版产业的发展提供完善的中介服务为目标，也应注重对服务提供者的各类资源进行充分整合和共享，通过服务平台的建设为出版文化创新提供一定条件；第二，平台建设内容的开放。出版中介服务平台上的内容资源可以由各出版市场主体共同提供和利用，加快出版信息的流动性与开放性；第三，平台建设模式的开放。信息服务平台的建设模式有很多种，从平台建设主体来看，可以采取政府主导、出版中介服务机构主导、出版企业主导以及其他组织或个人建设的服务平台。从合作建设模式来看，可分采取单一主体或合作建设的出版中介服务平台。从服务平台建设资金投入的主体来看，可以采取政府投资与非政府投资两种建设模式；第四，出版中介服务平台建设的开放性还指平台建设要注重在时间延展性与空间开放性，即在软硬件设施的选择上应采取兼容性强、规范统一的标准，在技术先进性、易用性、延展性和可靠性等方面进行充分论证，以最大限度地提供良好的开放式平台环境，增强用户互动性等。

（三）标准化原则

标准化原则指出版中介服务平台建设时应遵循的技术性原则，即平台软件、硬件以及出版要素资源信息的建设都应统一技术标准和规范，不能随意采用和变动。各类出版要素交易平台的构建之初就应该统筹规划，统一软硬件建设标准，推进相关行业协会的发展，对标准化问题进行规范。

（四）安全性原则

树立资源是平台建设的重点这一核心思想，在系统设计上应充分保证数据的完整性、规范性和安全性。同时，还应对系统整体进行安全规划，根据实际状况建立起“防护－检测－响应”的基础安全防护体系，保证整个平台安全目标的实现。

三、主要建设模式

出版中介服务平台的建设主体可以是非营利性机构，如政府及相关部门、出版行业协会；也可以是营利性机构，如提供各类出版中介服务以获取最大利益的市场中介服务机构；或两者的合作机构。按此标准，我国出版中介服务平台的建设模式可以分为政府主导型、出版中介机构主导型和多方合作型。

（一）政府主导型

政府主导型中介服务平台的特征在于其非营利性和公益性。大多是由政府直接推动和投资建立，其特点是不以盈利为主要目的，但也并非完全提供免费服务。与其他市场中介机构相比，政府具有权威性与控制性特征，将政府作为某些出版中介服务平台建设的主体，从事关键性或战略性服务，可以避免市场与第三方的失灵和扭曲。

（二）出版中介服务机构主导型

出版中介服务机构为了自身的长远发展，在市场力量的直接推动下投资构建服务平台，以获取最大利润。近些年我国网络文学发展迅速，以榕树下为代表的网络文学网站，为网络作家、网络文学作品搭建了一个与出版社广泛联系的绝佳平台。17K 小说网就是一家集网络文学版权收集、版权交易、版权推广等服务为一体、专业性的文学网站平台，可谓是中国数字出版领跑者，彰显了出版中介服务机构作为平台建设的主导者在平台建设方面的优势。

（三）多方合作型

合作型出版中介服务平台主要是指以政府与出版中介服务机构合作、出版中介服务机构相互合作、出版中介服务机构与出版社合作等方式构建的出版中介服务平台。2008 年成立的国际版权交易中心，就是北京市政府与中国版权保护中心共同建立的版权交易服务平台，是政府与中介机构合作共建服务平台的典范。另外，我国民营文化公司与出版社合作共建的选题策划平台，是出版中介服务机构与出版企业合作的服务平台。2001 年 12 月，中国第一家出版要素市场东方出版交易中心成立，东方出版交易中心就是一个跨行业的合作型出版中介服务平台，由上海新华发行集团等五大出版集团共同出资组建而成，基本实现了出版信息集成、功能集成和服务集成，其具体的功能有：期货接洽、现货交割、信息发布、选题竞拍、专题展示、合作出版、流通代理等。

第二节
出版中介服务网络平台总体目标及功能结构

一、总体目标

出版中介服务网络平台的总体目标是以专业化、市场化服务为发展方向，建设出版信息发布咨询服务、在线交易服务、出版评估鉴定服务、出版经纪代理服务、综合配套服务为主的服务内容框架，建立起功能完备、高效运行的出版中介服务体系。总体上形成以资源库、多网络通道及服务平台技术支持体系在内的服务基础架构，加快出版信息和出版要素的流通，为不同性质的出版企业提供出版中介服务，使任何出版企业在任何时间和地点都能快速有效获取优质出版信息资源。

（一）建设出版要素服务体系。应充分整合各类出版资源，包括图书版权资源、作家资源、选题资源、出版人才资源、出版中介机构资源，建成内容丰富、符合出版业现实需求的数字化出版要素信息服务体系。

（二）建设多种版权交易平台、图书交易平台、作家经纪平台、稿件交易平台、出版人才交易与培训平台等多种出版中介服务平台。平台建设的类型又分为实体服务平台、互联网服务平台、移动服务平台。在适应出版中介服务需求，建设资金和设备投入有限的情况下，还可以选择公有平台、自建平台、第三方平台的模式。

（三）建设高层次的服务人才队伍，依托出版中介服务平台，建立起一支专业出版中介服务队伍。坚持以服务促整合，通过专门培训掌握理论知识和专业技能，并通过服务实践累积经验，使服务人员的专业素养得以不断提高，逐步形成合理的服务人才梯队。

（四）建设全面的出版中介服务平台技术标准体系，出版中介服务平台建设进程须以标准化为基础，方能实现出版要素资源信息充分共享。在出版中介服务平台的建设过程中，应攻克包括各类出版资源信息标准化、信息共享技术、超大容量数据获取与组织技术、多媒体及虚拟现实等技术难题。同时，还应根据实际需求，形成一系列技术交换规范。

二、 功能结构与模块设计

出版中介服务平台的功能主要体现在对信息和服务的集成上。构建出版中介服务平台，对出版信息的集成、整合和分析是提供优秀的出版中介服务的基础和前提。对出版信息资源的集成和对出版中介服务的集成是出版中介服务集成服务的两个重要方面。首先是信息的基础服务，只有汇聚某一区域或行业内容的所有资源，客户才能对相关信息进行更加全面的检索，获得更完备的资讯。因此，要尽量收集各类出版要素信息、出版人才信息、出版技术信息等，减少其中的不确定性。第二是出版中介服务的集成，即客户所需的各种出版中介服务都能在服务平台上获得。如出版社可以通过服务平台获得版权信息、作家信息和其他出版要素信息，使客户得到一站式的信息满足和服务满足，获取整体解决方案（图 4-1 出版中介服务平台功能模块）。信息层主要是出版企业信息数据库、图书版权数据库、作家数据库、出版中介服务机构数据库、出版人才数据等信息的提供、检索和服务；服务层则主要为出版经纪与代理、出版专业培训、在线参考咨询服务、个性化服务等集成服务。

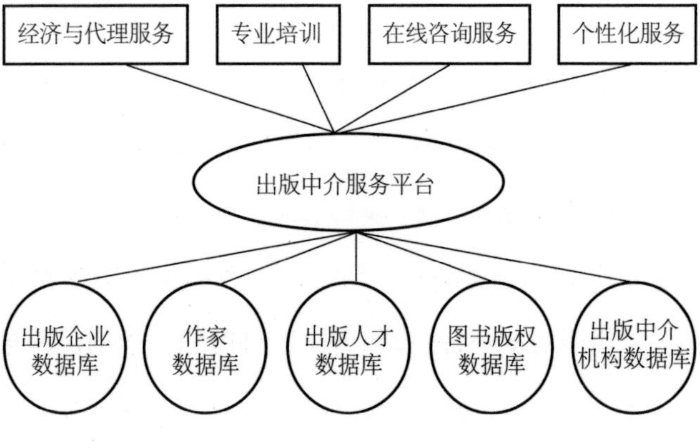

图 4-1 出版中介服务平台功能模块

三、基于 Web Service 的出版中介服务平台分析与设计

基于互联网的出版中介服务平台因为建设主体和建设模式的不同，完全按照统一规划和各类标准规范的约束进行设计和建设有一定难度。为了便于整合各类出版信息资源，构建各具特色的数据库便于数据交换，根据出版中介服务的特点及综合研究，提出建设基于 Web Service 的出版中介服务平台，构建面向出版产业的出版中介服务系统。

（一）Web Service 体系简介

Web Service 是一种新的分布式计算机模式，主要用于创建开放式的信息系统，可解决面向互联网的复杂应用问题。从技术层面来说，Web Service 是通过构建 Web 站点上的可重用构件，将应用系统进行高内聚、低耦合分割，使之成为能够通过 Web 动态发现、调用和访问的多个服务。同时，Web Service 也是一种自包含的、模块化的应用程序，其接口设置和服务绑定较易被 XML 组件描述和发现，并通过基于 Internet 的协议与基于 XML 消息的软件应用平台产生交互，其主要目标在于，在各种异构平台的基础上构建一个通用的、与平台本身和应用语言无关的技术层。由于 Web Service 完全基于 HTTP、XML 等通用的 Internet 协议和数据格式，完全可以屏蔽不同的软件平台之间的差异，并且其接口还能有效隐藏实现服务的具体

细节，这使得 Web Service 体系具有协议的通用性、完好的封装性、良好的互操作性以及易使用性等特点。

基于 Web Service 的结构框架目前一般采用第一代 Web 服务定义的 SOAP、WSDL 和 UDDI 等基础结构来实现服务。SOAP（Simple Object Access Protocol）是简单对象访问协议，提供标准的远程过程调用方法来调用 Web Service，能在任何平台之间传递数据、调用服务；WSDL（Web Service Description Language）是用于描述服务的标准语言，用户可以通过这些语言所描述的服务访问点进行服务访问；UDDI（Universal Description, Definition, and Integration）是统一描述、发现和集成协议，为 Web Service 提供信息注册中心的实现规范标准。

如图 4-2 所示，通常情况下，基于 Web Service 的体系结构中包括服务使用者、服务提供者与服务注册中心三种角色。其中，服务使用者发起对注册中心中各项服务的查访，通过定位与绑定服务，根据接口契约执行服务功能。服务提供者则接受和执行来自服务使用者的请求，将自己的服务和接口契约发布至服务注册中心，以便于服务使用者发现和访问该服务。服务注册中心包含一个可用服务的存储库，支持服务发现并允许服务使用者查找服务提供者接口。基于 Web Service 的体系结构主要包括以下操作项目：一是发布，该操作项目由服务提供者进行，即发布服务描述以使服务使用者便于发现和调用它。二是发现，服务使用者通过查询注册中心来发现和定位满足其标准的服务。三是绑定和调用，通过对服务描述进行检索后，服务使用者继续根据服务描述中的相关信息来调用所需的服务。

图 4-2 基于 Web Service 出版中介服务体系结构的角色与操作

（二）Web Service 技术对于出版中介服务网络平台的适用性

随着网络的普及和在各行各业的广泛应用，政府在构建出版服务体系的过程中，为促进出版中介服务业的发展，一般采取政府搭台，企业唱戏的一贯思路，提供实体平台和网络平台两种出中介服务平台形式（本章重点论述网络平台）。同时，出版中介服务机构的发展过程中，在建设实体服务机构的同时，也会根据本机构提供的业务与服务，开发或购买相应服务管理应用软件，构建自身或第三方投资构建的、为出版服务机构提供展示的网络服务平台。

这些网络服务平台对于满足本单位的资源管理以及向外提供出版中介服务起到了较好作用，但也存在一些弊端。如不同类型的出版中介服务之间的系统平台、服务机制、实现标准、数据库系统、数据结构与标准等均有差异，这种差异对各系统资源的利用以及各系统之间的资源共享造成了无法忽视的障碍。因此，本章旨在探讨构建基于 Web Service 的出版中介服务平台，使平台能更好地满足用户需求，提供更令人满意的出版中介服务。

在构建出版中介服务网络平台上，Web Service 与传统的分布式技术相较而言有着更强的适用性。第一，Web Service 可以有效解决异构系统之间的兼容问题。Web Service 体系中的任何一方更改执行机制，均不会影响应用系统的正常运行，这有效提高了应用系统之间的互操作性。同时，可以更好地整合各机构相关信息资源，便于用户更充分地利用它们。第二，完好的封装降低了应用系统的复杂程度。用户在使用服务时只需通过发送简单的命令来调用服务，这些命令由服务总线（service bus）转换后再发送给适当的服务器来实现用户对服务的消费。服务请求者如何实现服务的请求，以及提供者如何实现服务的提供等问题对于服务过程不会产生任何影响。第三，遵循通用的 Internet 协议和标准，如 HTTP 等来实现服务的描述、资源发布、发现、检索、数据交换、服务管理等功能，能更好地适用于互联网应用[1]。

（三）基于 Web Service 的出版中介服务网络平台架构

根据出版中介服务平台功能分析和设计，构建基于 Web Service 的出版中介服务系统，提出以下服务系统架构（如图 4-3）。

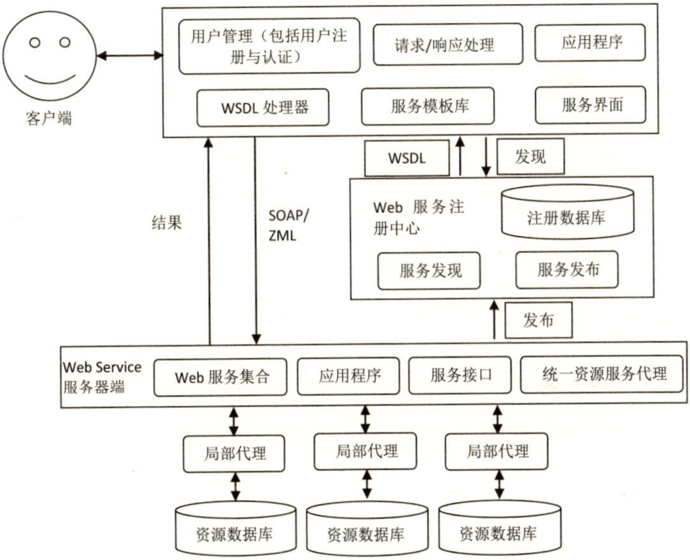

图 4-3 基于 Web Service 出版中介服务系统架构图

一个完整的基于 Web Service 体系的服务流程通过以

---

①刘甲学 . 基于 Web Service 的政府信息资源共享平台研究 [J]. 档案学通讯 ,2008(3):66-69.

下步骤实现：第一，Web Service 服务端使用服务目录注册自己提供的服务，并通过服务代理进行信息的发布；第二，用户登录客户端（即出版中介服务网站），通过身份验证以后，根据自己的服务需求发出服务请求；第三，Web Service 服务根据具体的服务请求查询已注册的 Web 服务，寻找满足用户需求的服务；第四，注册中心发现符合要求的 Web Service 服务，并用 WSDL 向用户返回服务的位置信息与绑定信息；第五，返回的信息经 WSDL 生成 SOAP 请求消息，Web Service 服务端对其进行解析与认证，以实现出版中介服务系统 Web Service 的调用；第六，对于合法的请求，服务端将自动组织服务程序与数据，通过统一资源服务代理转发给相应的局部Web服务代理，对异构数据库系统执行相应的数据操作，将结果反馈网站；第七，出版中介服务网站通过网页形式将结果返回给客户端，并用浏览器将页面呈现给用户。

系统架构设计充分利用 Web Service 的规范特点，将分布、异构的局部数据库通过局部代理封装成若干 Web Service 服务，并进行适当数据集成，提供相应模式信息，然后把相应的服务接口并入统一资源服务代理，以形成统一可用的数据，最终为用户提供无缝一站式服务。

第五章 我国出版中介服务机构管理

出版中介服务活动作为连接作者、出版社、市场以及政府之间的桥梁和纽带，其自身的发展已经成为衡量一个国家出版产业发展程度的重要标准。但我国出版中介服务的水平，还远远不能适应我国市场经济水平与出版文化产业的发展需要。因此，整合、构建、创新出版中介服务管理体系，有助于出版中介服务机构管理走向成熟化、合理化、科学化，促进我国出版中介服务业健康发展，从而助推出版文化产业的繁荣。

第一节
出版中介服务机构的现行管理体系

我国出版产业的发展起步较晚，直至 21 世纪初随着出版体制改革的开始，出版才真正作为产业发展起来，而为出版提供中介服务的出版中介服务机构的发展则相对滞后。在国家相关政策的推动下，出版中介服务机构的市场主体地位逐渐加强，发展态势日趋明朗，出版中介服务机构的管理也面临着新的挑战。特别是随着网络技术的发展，出版中介服务机构的存在形式和出版中介服务的形式出现了传统环境下所没有的新特点，如出版中介服务机构的网络化、虚拟化等。面对出版中介服务的诸多新特点，沿用传统的中介管理体制和管理模式可能无法发生作用，甚至在一定程度上会阻碍出版中介服务机构和中介服务业的发展。因此，构建、创新和优化出版中介服务机构管理体制，构建科学的出版中介服务机构管理体系，是一项重大的课题和任务。

一、中介服务机构的主体

出版中介服务体系是出版文化体系中的重要组成部分，具有重要的产业链意义。提供出版中介服务的中介服务机构是参与市场竞争的独立经营主体。从我国现阶段的情况来看,出版中介服务机构主要由以下三种来源构成(图 5-1 我国出版中介服务机构的主体构成) 。

一是先官办、后脱钩，政府机构改革或设置的出版中介服务机构。这类中介机构原先按照国家相关规定由有关部门按事业单位成立，积累一定经验和资本后，与原单位脱钩，成为自主经营、自负盈亏、自我发展的经济实体，国家版权局的版权代理中心就属于这一类中介服务机构。

二是某些还未与事业单位脱钩的带有中介性质提供中介服务的组织和机构。如人才交流中心、版权评估中心等机构。这类中介机构一般由政府主导，但目前的状态是竞争力不强，门庭冷落。

三是按照市场经济的需求，满足出版市场对出版中介服务的现实诉求而发展起来的出版中介服务机构。如版权代理机构、作家经纪机构、选题策划机构、图书会展机构、信息咨询机构等。这类中介机构一般需要在工商部门和文化部门进行登记和审核，方能从事出版中介服务活动。当前，这类出版中介机构存在的形式多样、服务门类繁多，总体上，规模较大的中介机构较少，从业员工数量少，但在促进出版市场信息流通、活跃出版市场方面发挥着举足轻重的作用。

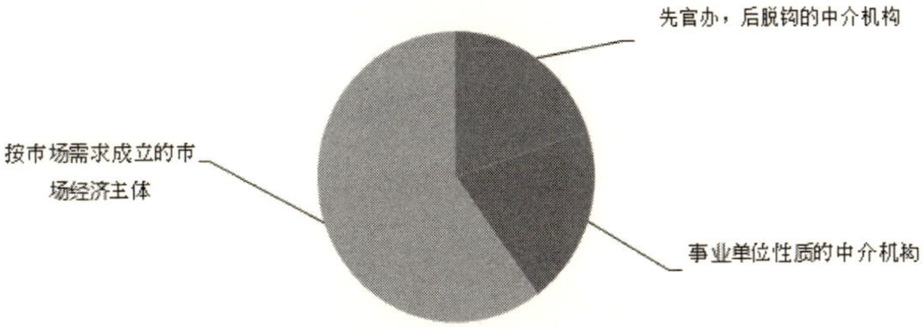

图 5–1 我国出版中介机构主体的构成

前两类出版中介服务机构，大多是随着改革开放的逐步深入，政府职能的转变，自上而下从政府部门分离和转移一部分行政权而形成的。人员结构老化，工作热情不高，缺乏工作主动性，可以说不是真正意义上的独立经营的中介服务机构，因此其管理模式也大多沿用原有的行政机关管理体制。

第三类出版中介服务机构，是按照市场经济的需求，满足出版市场对出版中介服务的现实诉求而发展起来的出版中介服务机构，这类出版中介机构是专门从事与出版相关的中介服务公司，如民营工作室、民营版代机构、民营信息与技术咨询公司，管理体制总体来说比较灵活，融资渠道广，人才的激励与约束机制合理，业务发展迅速。

二、管理体系的基本框架

出版中介服务业的迅速发展，要求与之相适应的管理体系来进行调整。基于我国现阶段发展现状，政府对出版中介服务管理制定了一套专门的管理体系，由法规管理、行政管理、产业管理等几个方面构成。

法规管理主要是我国国务院、相关部门及各省出台的规范中介机构规章。如《经纪人管理办法》《中介服务收费管理办法》《价值评估机构资质认定管理办法》《关于规范行业协会、市场中介组织服务和收费行为专项整治工作的实施意见》等，这些规章办法虽然覆盖了所有的中介服务机构，没有专门针对出版中介服务机构管理，但也基本构成了现阶段我国出版中介服务的现行法规管理体系。

从行政管理体系上看，我国出版中介服务机构的管理体系是典型的多头管理。出版中介服务机构除了需要在工商行政管理部门登记外，还需要通过文化部门的审查备案，财政部、人事部等诸多部门也要参与到行政管理之中。

从行业管理来看，出版中介服务机构是联系出版生产、消费和市场流通的重要纽带，所涉的出版中介服务一方面属于专业类中介服务，又兼有出版业的突出特征。目前，我国政府一般支持出版业服务的专业性中介服务机构加入专业性行业协会，并签署相关行业自律公约。出版中介服务机构相关协会更多是处于正在酝酿与筹备之中。2008年中国版权保护中心开始筹备成立我国第一家出版经纪人协会。我国出版中介服务机构的现行管理体系的框架如图5-2所示。

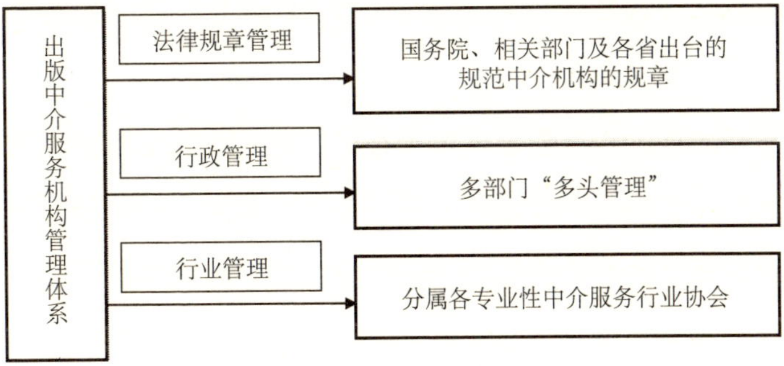

图5-2 我国出版中介机构的现行管理体系框架

第二节
我国出版中介服务机构管理现状

一、法律法规管理

任何市场主体都必须在法定范围内从事经营活动。对于从事出版中介活动的出版中介服务机构而言，也需要建立与其相适应的法律法规，明确出版中介服务机构的法律地位，使出版中介机构自身的发展和管理有法可依，有规可循，方能加强自我保护，规范出版中介活动，真正做到出版中介服务活动独立、客观、公平、公正。

（一）出版中介服务机构法律法规建设现状

法律是社会和经济有序运行的基础，是一种为社会所有成员所遵循的、公开的游戏规则，是由国家强制力保障实施，避免暗箱操作和减低社会交易成本的制度设计。出版中介服务市场的游戏规则也应由法律予以规范，法律是出版中介市场的硬性约束。

国外对中介服务机构整个体系的管理，法律规范起着举足轻重的作用。很多国家都针对不同的中介服务机构制定了相应的法律法规予以规范，明确了中介服务机构的管理部门、执业范围、执照管理以及各种违法处罚措施。例如，20 世纪 80 年代美国国会为了整治混乱的中介评估市场，专门召开会议制定了《金融机构改革、恢复、强制执行法》。此外，英国、德国、日本等国家与中介机构管理相关的法律也比较健全。

相较之下，现阶段我国所谓文化或出版中介市场的法律，大多数是政府部门制定的部门规章，这种规章制度在特定的历史阶段和历史环境对中介市场起到了一定的规范管理作用，但随着时间的推移，这种由某部门制定的规章制度，逐渐成了阻碍中介服务机构规范发展的藩篱，原因在于中介机构面对的是市场。在文化体制和出版体制改革的大背景下，出版中介服务对我国出版产业的发展、推动出版业“走出去”、促进文化市场繁荣日益重要，需加强对法律规范制定与发展的重视。

出版中介服务机构具有一般意义上的中介机构性质，同时又具有出版中介机构的特殊属性。一般意义上的出版中介立法有《公司法》《注册会计师法》《律师法》《审计法》《仲裁法》《银行法》《保险法》，出版中介机构作为经济社会中独立的经济实体，首先要遵守以上法律的约束与规范。其次，我国中央和地方人大与政府部门针对不同中介机构的性质，对中介机构的相关活动制定了相应的地方性条例、规章。目前为止，我国总共出台了三个中央级的针对所有中介机构的法规性文件（表 5-1），其余则是由国务院各部委颁布的中介机构的管理规章（表

5-2）。

表 5-1 国务院颁布的规范我国中介机构发展的中央级法规

政策名称	颁发时间	颁发部门及文件号
关于清理整顿经济鉴证类社会中介机构的通知	1999 年 10 月	国务院办公厅（国办发〔1999〕92 号）
关于经济类社会中介机构与		
政府部门实行脱钩改制意见的通知	2000 年 7 月	国务院办公厅（国办发〔2000〕52 号）
关于加强出入境中介活动管理的通知	2000 年 9 月	国务院（国发〔2000〕25 号）

注：根据相关文献整理

表 5-2 我国国务院各部委颁布的中介机构管理规章

规章名称	制定时间	颁发部门
关于进一步做好法律咨询服务机构的清理整顿和重新审查工作的通知	1990 年 5 月	司法部、国家市场管理监督总局（原国家工商行政管理局）
经纪人管理办法	1995 年 10 月	国家市场管理监督总局（原国家工商行政管理局）
关于清理市场中介组织的通知	1997 年 3 月	国家市场管理监督总局（原国家工商行政管理局）
关于资产评估机构脱钩改制的通知	1999 年 5 月	财政部
中介服务收费管理办法	1999 年 1 月	监察部、财政部、国家发展和改革委员会等
认证机构及认证培训、咨询机构审批登记与监督管理办法	2000 年 4 月	国家认证认可监管委员会
认证咨询机构管理办法	2004 年 5 月	国家认证认可监管委员会
价格评估机构资质认定管理办法	2005 年 6 月	国家发展与改革管委员会

续表

国务院所属部门人才中介服务机构管理办法	2005年11月	人事部
关于规范行业协会、市场中介组织服务和收费行为专项治理工作的实施意见	2008年8月	国家认证认可监管委员会等九部门
认证机构管理办法	2011年7月	国家市场监督管理总局（原国家质量监督检验检疫总局）
关于支持民间资本参与出版经营活动的实施细则	2012年6月	国家新闻出版署

注：根据相关文献整理

（二）出版中介服务机构法律法规建设的问题与不足

虽然我国出版中介法律管理的现存法律法规已成体系，但我们也必须认识到，我国出版中介法律管理体系还很不成熟，或者说有一定程度的滞后，存在着诸多问题亟待解决。

1. 法律法规制度不健全，法律法规规格不高

从表3-1中可以看出，至今为止，我国规范中介机构发展的国务院颁布的政策性法规仅有三个，更不用说专门针对文化或出版中介服务机构规范发展的法律了。现阶段，我国主要依据相关条例、办法、制度来进行管理，法律法规规格不高，缺少专门针对文化中介机构的法律法规，一定程度上制约了出版中介机构的发展。各级地方政府从

自身的地域利益出发，制定的各种规章制度主要迎合本地利益取向，这种做法对本地区的出版中介服务机构某一时间段的发展有利，但长远来看，不仅不利于整体经济环境中的公平竞争，不利于出版中介机构的发展，而且有可能造成地方出版产业发展的割据和条块局面，不利于提高、协同、整合国家的整体出版实力。

2. 规章政策出自多个部门，管理重叠，法律法规执行难度大

我国中介机构的法制化管理同我国中介服务业发展的实际需求相距甚远，主要依据相关条例、办法、制度来进行管理，法律级别层次低，同时缺乏统一的关于中介机构的法律。对于近些年来涌现的出版中介机构，尚未形成统一的管理格局，基本上按政府管理部门的职责分工进行分类管理，导致政策出自多个部门，管理重叠。有时，针对同一出版中介服务行为，不同部委的规章有不同规定和执行标准，极易造成法律法规的相互抵消。加之网络技术的发展，出版中介服务的虚拟化、网络化，使违法行为变得隐蔽，不易发觉。其次，由于基层执法人员对相关法规的解读不够，对违法行为的判断存在一定误差，都有可能造成无法可依和执法难的情况。这些问题需要我国权力部门进一步研究现状、分析实情、制定或修改法律法规，充分发挥法律法规在出版中介机构管理中的积极作用。

二、行政管理

行政管理有广义和狭义之分，狭义的行政管理仅指政府部门的管理工作，广义的行政管理包括行政、立法、司法等广大国家机关及其附属单位的管理工作，这里主要讨论出版中介机构狭义上的行政管理。出版中介的法律管理，一般具有较强的权威性和强制性，是整个社会价值判断体系的最后一道屏障，具有硬性约束力。出版中介机构的行政管理较法律管理而言，具有灵活和及时的特点。

（一）出版中介服务机构行政管理现状

1. 管理主体“多头多级”

我国出版中介机构行政管理体系中的管理主体主要是指：处于主导地位，通过制定相关政策对出版中介机构进行相关管理的管理者，包括中央及地方的各级权力部门。从出台的中介机构管理的规章制定部门和管辖内容来看，我国中介机构的管理是“多头多级”的行政管理模式。从横向上来分析，执行行政管理的部门是“多头”的。作为与出版相关的行业，出版中介机构的管理部门是国家新闻出版署与文化和旅游部。作为独立经营的经济单位，管理部门是国家市场管理监督总局。面向社会提供的中介服务，其中介服务资费管理部门有财政部、人力资源与社会保障部、国家版权局、国家认证认可监管委员会等部委，这些机构分别管理出版中介机构涉及的不同领域。纵向来看，我国出版中介机构的管理基本上也是采取中央统一领导下的层级管理。这就构成了我国出版中介机构管理的“多头多级”的行政管理方式。

2. 管理内容复杂

国家对出版行业的管理主要集中在对出版企业的资格审查、出版内容审查和市场监管上。作为为出版产业提供中介服务的出版中介机构是近些年随着出版产业的繁荣而发展起来的，出版中介机构提供的中介服务主要为出版业服务，但因其涉及经纪代理、鉴定评估、信息咨询等众多相关行业，导致出版中介服务无论对出版行业还是中介服务业的相关行政管理部门来说，都是新事物，增加了管理部门管理内容的范围，这些特点给政府的行政管理提出了新的课题。

3. 管理客体多元

所谓管理客体，主要是指出版中介服务机构管理主体实施作用的对象。在出版行业转企改制之前，出版中介服务形式单一，参与出版中介活动的机构相对较少，只有版权代理机构和经纪人等管理客体。之后，随着出版经济的活跃，出版资产评估、版权评估、出版会展等参与出版中介活动的机构不断出现，出版中介客体呈现多元的趋势。

（二）我国中介服务机构行政管理的问题与不足

1. 行政审批不规范

据调查，现阶段我国从事出版中介服务的机构大多为民营资本，我国长期以来对出版业民营资本的“次国民”待遇并未得到彻底改善，加之我国行政效率较低的历史原因，导致行政管理部门的行政许可和前置审批期限过长，审批的随意性较大，民营资本在出版业的准入存在一定限制。

2. 多头管理，政出多门

政府部门对中介机构“多头多级”的行政管理体制，使得各级部门都拥有行政审批的职能，各行政主管部门制定的规章制度自成体系，往往造成管理相互交叉，职责权限范围不清不楚、相互推诿的状况，同时还容易出现各方职责都无法覆盖的真空地带。例如，在出版行业转企改制、出版集团上市过程中必不可少的中介服务必须介入的环节——资产评估，其中涉及的国有资产，财政部门负责资产评估、建设部门负责房产评估，国有土地管理部门负责土地评估。这样的情况致使中介服务机构的业务被分割与分立。

3. 出版中介服务机构与政府主管部门未完全脱钩

我国中介与政府主管部门多年来一直有着千丝万缕的联系，割不断，理还乱，出版中介服务机构也有同样的境遇。根据相关调查显示，我国除了深圳等经济相对发达的地区，中介机构与挂靠部门脱钩外，多数地区则尚未完成脱钩。无法脱离或不愿脱离主管部门的呵护，自然也难以拥有市场竞争力，按照市场规律从事经营活动，不利于中介服务机构的发展，更不利于政府职能的转变。我国绝大部分图书版权代理机构就一直挂靠在版权局名下，经营较好的有中华、北京、上海、广西万达等版权中心。上海和广西万达版权代理就是以独立法人身份注册成立的版权代理机构，但是万达后来为了争取版权局的政策及资金扶持转而改制为事业单位，这一出版中介机构强化自身政府背景的“倒逼”现象，引人深思。

三、行业管理

行业管理，是某一行业发展到一定阶段的产物，是某一行业发展成独立的经济行业的必然结果,也是社会政治、经济、文化、法律发展到一定阶段的产物。行业管理是由行业成员自发成立的民间性非营利性行业组织，通过自行制定自律章程、制度、工作守则、职责公约和会员守则等，对自身从事的经济活动进行自我约束、自我限制、自我协调和自我管理，使自己的行为符合国家的法律法规和职业道德、社会公德的要求。行业自律具有自发性、自愿性和灵活性等特点。

行业管理的自律是相对于法律管理和行政管理等刚性的他律而言的，他律主要是以法制为核心，运用法律法规对活动主体和从业人员的行为进行强制性约束。自律则是活动主体和从业人员的一种自我管理、自我约束，以道德约束为核心，利用道德和社会责任感等软措施实施管理。

（一）我国出版中介服务机构行业管理的现状

由于我国出版中介行业的发展历时尚短，还未成立专门的行业性自律组织和相应的自律性公约。当前，我国出版中介服务各自归属不同的行业组织进行自律管理，如出版经纪人归属经纪人协会、图书会展归属会展类行业协会管理。然而，因为出版行业的特殊性，这种归属其他行业协会的自律管理已经越来越不适应出版中介服务业的发展，以至于相关协会不得不制定行业指导意见，以针对出版中介服务行业的特殊要求。2010 年 12 月 18 日，中国资产评估协会在财政部和国家版权局等部门指导下制定了《著作权资产评估指导意见》，旨在规范注册资产评估师执行著作权资产评估业务的行为，维护社会公共利益和资产评估各当事人的合法权益。意见于 2011 年 7 月 1 日开始施行，要求组织评估机构和注册资产评估师进行学习和培训，在意见的第八条中还规定注册资产评估师执行著作权资产评估业务，应当经过专门教育或者培训，具备相应的专业知识和著作权资产评估经验，具有专业胜任能力。

（二）我国出版中介服务机构行业管理的问题与不足

目前我国行业协会的建设模式普遍已不适应市场经济

的发展要求，代表不了广大企业的根本利益。具体表现在：其一，市场地位不独立，政会不分；其二，功能缺失，服务水平不高；其三，内部运行机制不合理。

我国出版行业协会的管理也不尽如人意，不乏中介服务效果不佳的案例。《蜗居》作者六六的作品未经作者授权被《读者》转载的维权事件，就将我国文字与著作权协会的服务推到了舆论的风口浪尖。负责人张洪波也坦承，协会运行效果不佳，目前所收集的信息缺乏，系统运行的效果离预期还有一定距离，缺乏宣传，而且真正寻求文著协提供服务追讨稿酬的著作权人并不多，加之存在机构并存、管理混乱的状况，导致稿酬代收的机构不一。2002 年，《著作权法》及《实施条例》修订后，取消了由国家版权局指定专门机构开展法定许可报酬收转工作的相关规定，允许民事代理。2009 年国家版权局又下发了《关于明确中国文字著作权协会“法定许可”使用费收转职能的复函》，明确了文著协承担报刊转载、教材法定许可使用费转付的法定职能。但还是一些作者反映，向代理机构索要稿费到处碰壁，而且这几家社会代理机构也不向社会公布报刊转载信息，作者根本无法查询文章被转载的情况。

第三节
我国出版中介服务机构管理体系的构建与优化

我国出版产业和出版中介服务业发展迅速，同时也存在着诸多问题，需要与之同步的科学合理管理体系的约束与激励。因此，依据科学的原则，利用科学管理理念的指导，借鉴国外成功经验，构建、创新和优化出版中介机构管理体系，对于我国出版中介机构的发展和规范管理意义重大。

一、西方国家出版中介服务机构管理体系

在美国等西方国家，从事出版中介服务的企业在成熟的市场环境中独立运行，是独立的经济实体，像其他企业一样，政府不设专门机构直接干预企业的管理（除极少数国有企业外），企业的各项市场行为，主要依靠法律的规范与制约，法律规范对中介机构的管理起着举足轻重的作用。其次是行业协会和社会团体对出版中介机构的行业管理。

（一）西方国家出版中介机构的法律管理

很多国家都针对不同的中介机构制定了相应的法律法

规予以规范，主要明确中介机构的管理部门、执业范围、执照管理以及各种违法处罚措施。20 世纪 80 年代，美国评估机构弄虚作假、欺诈性评估等活动泛滥金融市场，致使美国国家经济损失巨大，严重影响了国家经济秩序和经济安全，美国国会为了惩治这种混乱的中介评估市场，不久就专门召开会议制定了《金融机构改革、恢复、强制执行法》。根据美国《反不正当竞争法》，文学代理人协会不能形成联盟与出版社谈判，他们必须独立地代表客户与出版社谈判，否则就会被视为不当竞争。西方国家对出版中介机构的管理主要通过立法的形式和手段来实现。

（二）西方国家出版中介机构的行业管理

西方国家各种行业协会和社会团体等非营利性组织，在各行各业的管理中扮演了关键性角色。如欧美国家的文学经纪人及经纪机构的行业协会，其组织运作规范、机构设置完善、权责明晰，理事会定期召开理事会会议或者全体成员会议来决策协会事宜，协会内设道德委员会，对会员进行监督，保证文学经纪人不损害作者的利益，参与行业规范的制定。从经纪人持证执业到经纪公司收取佣金的比例，再到作者与经纪公司的纠纷处理，统一的规章准则和成文的职业伦理规范，要求会员切实遵循，以此建立了文学经纪人在欧美图书出版行业的地位和专业形象。

二、我国出版中介服务机构管理体系的优化

（一）我国出版中介服务机构管理体系的优化原则

1. 坚持以市场为导向的原则

以市场为导向不是唯利是图，而是构建符合市场规律的出版中介机构管理体制。出版中介机构作为买卖双方沟通信息、促成交易、提高成交率、减少交易费用而存在的第三方机构，已经成为出版经济产业链中发挥重要作用的纽带。同时，出版中介机构作为独立的市场主体参与市场竞争，为出版市场提供中介服务，追求利益的最大化。另外，我国出版中介服务业属于出版产业体系的重要组成部分。

首先，以市场为导向是出版中介机构独立经营、自负盈亏的市场经济主体特征所决定的，根据市场变化来调整中介服务内容。其次，以市场为导向有利于充分发挥和挖掘出版中介机构的潜力和积极性，不断创新，提供符合市场需求和客户满意的中介服务，促进出版中介机构不断发展。第三，以市场为导向，建立合理的激励和竞争制度，树立出版中介机构的正面形象，从而吸引更多资本，实现出版中介机构发展的良性循环。

出版中介机构在市场经济中坚持以市场为导向的原则来体现经济属性，获得经济效益，配置经济资源和社会资源。因此，出版中介机构的生存与发展必须要遵守市场规则，并在接受政府监督的前提下，引入竞争机制，实行企

业化管理、培养核心竞争力，主动直面市场、主动与市场接轨，以适应残酷的市场竞争。

2. 坚持正确的价值取向原则

价值观是人们或组织判断事物有无价值或价值大小的标准，在管理中正确的价值取向是高效管理的基础。科学合理的出版中介机构管理体系构建需要正确的价值取向，无论出版中介机构的法规管理、行政管理还是行业管理，我们都无法回避的一个问题的是管理部门的价值取向，只有坚持正确的价值取向，才能构建合理的管理体系。现阶段，我国政府在向服务型政府转变，政府部门在向全社会提供公共物品和公共服务时要追求经济、效率和效益。这一点与传统政府管理的价值取向有根本性区别。在重构和优化出版中介管理体系时，什么才是正确的价值取向呢？大体上，可以用以下几个方面来衡量。第一，符合事物发展的客观规律，顺应市场经济发展规律。事物是不断变化的，管理部门和管理者制定法律法规制度也应该与时俱进，不能一劳永逸。第二，有利于出版中介机构长期发展。在制定法律法规、部门设置、行政权限分配时不能急功近利，首先应该考虑的是出版机构的长远发展问题。第三，符合人类根本利益的价值取向。虽然说出版中介服务体系在整个文化体系中并非至关重要的组成部分，但出版中介服务业的发展对人类文化的交流与繁荣有着巨大促进作用，致力于人类文化发展才是正确的价值取向，政府相关部门不能因为其当下的发展状况而不予以重视。

3. 坚持协作机制原则

协作机制是把各种有关协作的制度、措施和手段以及人与企业组织本身看作一个系统，这个系统的结构、运营方式和程序等，就构成了协作机制。协作机制两大特点是协调性和方向性。协调性，即作为这一机制内部元素的人与人、人与事、事与事之间有着高度的协调性与方向性，即机制内部各个元素的功能虽然不同，但总的方向是一致的，协作机制推动着事物朝着既定目标运行。我国管理体系客观上形成了若干行政亚系统，这些亚系统可能会形成各自的利益特区，排斥与其他行政亚系统的利益分享，这在现实中往往表现为地方保护主义和部门保护主义。出版中介机构管理系统是一个涉及法律管理、行政管理、行业自律管理、机构内部管理中的人、事、部门、制度等的有机系统，因此，构建出版中介机构管理体系必须要充分考虑系统内各要素的协作。

（二）我国出版中介服务机构宏观管理理念重塑与优化

出版中介机构宏观管理体制的重构是对原有不合理制度的摒弃，对合理制度的整合与创新。在出版中介机构管理体制重构的过程中，要使出版中介管理制度跳出“头痛医头，脚痛医脚”的怪圈，我们不仅需要思考管理体制的重构与创新，更多的是要对怪圈背后的根本性问题——理念，进行审视和重塑。具体来说就是要重塑出版中介机构管理目标理念、管理立法理念、管理程序价值理念，并将重塑后的理念指导出版中介机构管理体制的创新与构建。

1. 出版中介机构管理理念重塑与优化

由于原有制度体系下形成的根深蒂固的思想观念，政府及管理部门在管理方面缺乏明晰的理念支撑，导致在出版中介机构管理中政府的角色定位、作为观念和行为方式模糊。要构建合理的出版中介管理体系，需要重塑管理目标理念、管理立法理念、管理程序价值理念等基本理念，并以之构建出版中介机构管理体系的理论指南，方能达到理想目标。

（1）管理目标理念重塑

对于出版中介机构而言，管理目标就是通过构建科学合理的管理体系，通过管理制度的实施，使管理目标对象——出版中介机构，达到何种预定的结果。出版中介机构的管理目标可分为几个方面。

其一，实现出版中介机构的主体化。所谓出版中介机构主体化，是指使出版中介机构在市场经济中，跟其他出版企业一样，获得真正意义上的法律人格和主体性地位，自主经营，自负盈亏，并根据法律承担相应的后果。出版中介机构作为独立价值的市场经营主体，不应该受到行政权力的不当干预。要解决我国中介机构跟政府的模糊关系，必须引导完成出版中介机构与主管部门脱钩，转变政府职能，加强出版中介机构的市场化建设，使出版中介机构在人、财、物方面与主管部门完全剥离，成为独立法人的经济实体和市场竞争的主体，并按照企业方式进行组建，使各类型的出版中介机构逐步实现自担风险、自主管理、自我约束、自我发展。实现出版中介机构的主体化，为什么一定要实现中介机构与主管部门脱钩呢？这里我们可以从市场监管与企业运营的界限进行分析。首先，按照市场经济的运行规律，政府部门只对经济运行进行宏观调控和市场监管，维护市场秩序，为中介机构的发展营造良好的发展平台，建设统一、开放、竞争、有序的现代市场体系，这便是市场监管的主要目的，具有公正性和中立性。而独立的中介机构的运营跟一般性企业运营相似，在法律许可的范围内经营，其目的和出发点主要是最大限度地从每一次交易机会中获得最多利益，站在私利的立场。因此，矛盾的双方不能纠缠在一起，否则就会出现诸多问题，如中介机构的腐败、权力部门为了利益操纵业务而丧失公正，混乱中介市场，势必会使中介市场失去其主体性保障。

其二，出版中介机构要成为市场主体，除了上面谈到的获得独立的主体意识的同时，还必须承担相应的法律责任和后果。由于出版中介机构涉及为出版行业提供相关版权评估、企业评估、选题策划、信息咨询等服务，能影响委托方的决策。而且有的中介服务是相关资质、能力的鉴定，会在很大的程度上影响评估对象的声誉和利益，因此，出版中介机构行为要受到严格的法律约束，对于违法行为要进行惩戒。

（2）实现出版中介机构的市场化

出版中介机构的市场化，就是出版中介机构以市场为导向，完全按照市场规律运作，由市场实现出版中介机构优胜劣汰。市场化和主体化之间关系密切，出版中介机构市场化首先要取得独立的法律人格和主体地位。

随着出版转企改制，出版产业纳入现代文化市场体系版图，出版中介服务体系作为主要（兼营）为出版物的生产和服务交易双方提供策划、居间、行纪、代理、咨询、技术服务等中介服务的活动机构，理应顺应市场机制与规律。在我国市场经济条件下，出版资源的配置通过市场来完成，出版中介机构的经营行为和自身决策都通过市场信息自行决定,政府及相关管理部门只有引导和规范的义务，不能随意干涉。

（3）实现出版中介机构的专业化

专业化是出版中介机构的本质属性之一，主要从以下几个维度来体现。首先是出版中介机构服务工作的专业化，出版中介机构是社会专业化分工的结果，虽然其经营也具有一般市场交易行为的性质，但主要工作较为专业。其二，是技术的专业性。因其服务对象是出版行业，行业的专业性决定出版中介服务技术的专业性，如根据市场需求做专业性选题策划，为出版企业提供专业信息和技术咨询服务，这些专门的技术和知识不是随便凭借经验就可以获得的。其三，服务人员的专业化，出版中介机构对服务人员的基本素质和知识结构有特殊要求，除了专业知识方面，还要求出版中介服务人能保持独立、客观、公正的专业立场。

出版中介服务属于知识密集型服务行业，中介服务工作具有极强的专业性。主要通过两条途径来实现出版中介机构的专业化：一是通过构建合理的管理体系从外部对其行为进行规范和约束，完善执业标准和中介机构的执业能力。二是加强出版中介机构包括道德、纪律和责任在内的职业道德规范建设。

2. 出版中介服务机构管理立法理念重塑

出版中介机构管理立法理念的重塑主要包括：正确立法理念的树立和立法理念的更新。

（1）树立正确的立法理念。任何立法活动都需要立法理念的指导，出版中介机构管理的相关立法也是如此。立法活动是一种实践活动，因而不能离开一定的理论指导。只有科学地确立了立法理念，才能正确地界定立法的本质，并有效指导立法活动，立法者所持有的理念不同，最终会导致所制定的法律内容迥异。

（2）更新立法理念。市场经济有其自身的发展规律，管理出版中介机构的法律规范应当正确反映出版中介经济活动的客观规律，而不能创造规则。正如马克思所说："社会不是以法律为基础的。那是法学家们的幻想。相反地，法律应该以社会为基础。法律应该是社会共同的、由一定物质生产方式所产生的利益需要的表现，而不是单个的个人恣意横行"[①]。出版中介机构立法作为调整市场经济关系的法律，应当量体裁衣，如实反映经济生活的要求，而不能削足适履，扭曲市场既存规则，要突破原有法律体系的惰性和框架，超越既往模式，实现立法理念的更新。

3. 出版中介服务机构管理程序价值理念重塑

任何行政决策都离不开一定的行政决策程序。可以说，有国家就有行政决策，也就有一定的行政决策程序。程序一般由步骤、方式、时限、顺序等要素构成。但凡涉及管理就不能撇开价值，其中价值问题是行政决策程序研究的基本问题，行政决策程序是一种高度理性行为，这种行为的发生服从于一定的价值取向，即服从于行政决策程序所

①马克思．对民主主义者莱茵区域委员会的审判（马克思恩格斯全集）[M]．北京：人民出版社，1961:65.

要实现的价值目标，也就是程序价值理念，而程序价值理念中公正和效率被认为是其中的两大核心价值。公正性是所有程序价值的前提和基础，美国学者约翰.罗尔斯在其论著中就强调："任何制度，不管它是如何有效率或优越，但只要是不公正的，都应该加以改造"。具体到中介机构管理程序的公正性包括程序的科学性、公开性、民主性、中立性、制约和监督性。我国在行政管理过程中，长期以来形成轻视程序，程序不规范，走过场等严重不良现象。因此，出版中介机构管理体系的构建过程中，必须重视程序价值理念的树立和重塑。

（三）我国出版中介服务机构管理体系的优化

随着我国出版产业和出版中介机构的发展，构建与其相适应的管理体制已是大势所趋，我国原有的出版中介服务业管理体系由于计划经济体制的影响，与市场运行机制要求不相适应。因而，重新构建中介管理体系是优化出版中介机构运行机制的重要内容。管理体系重构是对原有制度体系的整合，包括对原有优良制度的发扬，对旧有制度的改善与创新，对缺位体制的构建与发挥。根据现阶段我国出版市场中介机构的现实情况，逐步制定系统的、配套的法律法规体系，通过立法的形式确定各种文化中介机构的性质、职能、任务、权力、责任、义务、运营宗旨、服务内容、经营形式，组织形式等，使出版文化中介机构的日常活动有法可依、有章可循，形成一整套自我约束、自我管理的内在机制，推动中介服务活动有条不紊地进行。笔者认为对出版中介机构管理体系的优化与重构包括三方面：一是出版中介机构法律法规体系的完善；二是出版中介机构行政管理制度的变革与创新；三是出版中介机构行业自律机制的构建与发挥。

1. 出版中介机构法律法规体制的完善

现代文化市场体系是一个复杂多变的系统，它由多样化的市场主体构成并参与其中。出版中介服务体系是整个现代文化市场体系中的一个分系统，构建现代文化的市场规范体系、完善的出版中介服务法律法规管理体系是其应有之义。要解决出版中介机构发展中的规范性问题，首先需要建立一个完善的规范制度体系，使出版中介服务业中各方参与者能够遵照相关法律法规有序经营和交往。过去，我国中介机构规范的法律立法层次偏低，规章政策多门的现象严重，法规体系粗线条、零散性，缺乏规范性、指导性和操作性，面对具体的中介机构监管，极易造成任意解释的危险局面。针对现有的出版中介机构法律法规体系，本文认为应该从纵向和横向两个维度进行完善。建立和完善出版中介机构法律管理体系，引导、推进和保障出版中介机构的快速、健康发展。

（1）出版中介机构法律管理体系纵向维度的完善

出版中介服务涉及多环节、多层次，法律管理体系上对出版中介机构的管理，也应该讲求层次性。法律纵向体系一般由六个层次构成，即根本法层次，基本法层次，单行法层次，行政法规层次，部门规章层次，和地方性法规（规章）层次。根本法层次由全国人民代表大会制定，《宪法》中关于中介服务的条款可以视为规范出版中介机构的最高法律规定。基本法层次由全国人民代表大会常务委员制定（其中包含我国加入的有关国际条约）。迄今为止，我国一直没有出台针对中介机构的一般性法律《中介法》，而对于是否有必要制定统一的《中介法》，一直是法律界和经济界学者分歧很大的问题。吴景明认为，“我们不能寄希望于《中介法》一出台黑中介就会一扫而光，但制定并实施《中介法》会解决目前无法可依的问题”。有必要根据中介机构的共性，制定具有指导性的一般性法律——《中介法》。单行法层次也由全国人民代表大会常务委员制定（其中包含我国加入的有关国际条约）通过，我国已经就部分中介机构的规范发展制定了专门的单行法律，如《律师法》《注册会计师法》《拍卖法》《公证法》等专门法律，目前没有针对文化中介机构出台专门的单行法。专门为文化产业提供的中介服务明显区别于其他服务业，个性大于共性，因此，我们提出有必要制定专门的文化中介服务单行法律——《文化中介法》，以规范文化中介机构的发展，出版中介机构作为文化中介机构的组成部分，遵循文化中介法律的相关规定。以法律的形式明确文化中介机构的性质、宗旨、地位、职能、组织形式、权利义务、设置运行的程序管理监督体制等，使包括出版中介机构在内的中介机构尽快走上规范化、法制化的轨道。根据宪法和一般法律制定科学可行的中介机构单行法，是完善中介机构法律管理体系的重中之重。第四个层次是由国务院通过或批准的行政法规，对于中介机构管理的行政法规，相关调查资料显示为数不多。第五个层次是国务院所属部门通过和批准的部门规章,我国中介机构管理的法律体系中，此部分文件最多，但因为缺少一般性法律和单行法的宏观指导，各部门出台的规章时而出现相互矛盾的地方或监管真空地带。本文认为这一部分行政法规可视情况进行调整，科学分工协商，重新制定适时的规章制度。最后一个层次是由地方人大通过的地方法规或规章。对于出版中介机构来说，六个层次所构成的纵向维度法律体系，每个层次的法律法规数量和质量都必须合理，并根据不同中介机构适时调整，构建完善、合理、有层次性的纵向维度法律体系，有效规范中介机构的发展。

（2）出版中介机构法律管理体系横向维度的完善

层次分明、门类齐全、结构协调是完善的法律体系的重要标准。本文的前部分多次提出，出版中介机构的快速发展主要随着我国出版产业的发展而发展，属于较为新型的中介机构类型。而法律须对社会生活的各个方面做出相应的规范和调整，对于出版中介机构的发展，法律也应及时做出规范和调整。出版中介机构法律体系的纵向完善主要重点，首先是要尽快完善出版中介服务活动所涉及领域的法律法规；其次是解决好规章制定的冲突及疏漏问题。

（3）出版中介机构法律调控创新

对中介机构法律调控方式大致可分为两种，即预防制和追惩制。预防制是成立中介机构必须事先登记，在登记的标准上严格限制；追惩制是事先不需进行登记，或者登记的条件很宽松，但是对其组织成立之后进行严格监管。我国由于历史、社会及法律环境的原因，对中介服务活动的法律调控和监管上主要采取预防制，设置了较高准入门槛，在相当程度上限制了组织通过登记注册来获得合法地位。这有利于防患于未然，但中介机构一旦登记成立，之后对中介服务活动的监管却由于监管成本及监管职责不清而缺位。本文建议对包括出版中介机构在内的文化中介机构实行普遍备案制，经过备案之后的中介机构即成为合法组织，根据备案开展相关中介服务活动。同时加强中介服务活动的监管和中介机构的评估，对于违反法律法规的中介服务行为给予严厉惩罚。

构建完善的出版中介管理法律体系，客观要求纵向维度上制定层次分明、数量相当、内容完备的法律法规；横向维度上要求门类齐、结构协调的法规法律体系；在法律的具体调控上注重预防和追惩。我国总体立法工作还十分艰巨，这就需要国家立法部门积极努力承当相应职责，提高立法水平，完善出版中介机构的法律管理体系，促进出版文化产业的发展，提高我国文化软实力。

2. 出版中介服务机构行政管理制度变革与创新

出版中介机构的快速发展，本应是让出版业有志之士备感欣慰之事,但我国出版中介机构行政管理的多头多级，政策多门，审批不规范，责权范围不清，相互推诿等诸多问题,严重阻碍了出版中介机构及出版中介服务业的发展，因此，出版中介机构行政管理体制的变革与创新已显得尤为紧迫。

首先，出版中介机构行政监管体制变革，建立政府相机抉择管理体制。西方经济发达国家对中介机构的管理，早期主要由行业协会自律。后来由于市场失灵，政府对中介机构进行了一定程度的监管。又因政府监管的成本问题和政府监管可能抑制中介服务行业市场活力等因素，就形成了对中介服务行业的相机抉择机制。在实际运作中，这种机制凸显了自身优势：不妨碍行业自律管理的同时，能有效控制市场失灵所导致的不良影响。我国对包括出版中介机构在内的中介机构行政监管体制建设也可以借鉴国外有效经验，行政主管部门主要加强对中介机构和服务人员的监管、监督，对违反法律法规的中介机构和中介人员进行处罚。

第二，出版中介机构行政监管重点转移，建立轻审批、重监管的管理机制。我国对从事出版中介的机构设立实行前置性审批，因涉及文化范畴，一般情况下要通过新闻出版局、文化局的高门槛前置性审批程序，致使手续复杂，漫长，阻碍了出版中介机构的发展。实际上，对出版中介机构来说，可以取消一些不必要的审批事项，实行登记备案制度，将行政管理重点从严格的前置性行政审批向出版中介机构经营行为和服务行为的实际监管上来。避免某些机构为了规避烦琐审批，不注册不登记，从事地下经营，无从监管的现象，给“黑中介”可乘之机，造成国家税收大量流失。

第三，出版中介机构行政监管模式创新，建立信誉等级制度和警示制度。结合每种类型的中介服务风险度可以将出版中介机构分为三类，一类是与市场经济秩序密切相关的，如对出版资产的评估，版权评估等中介机构；二类是与民生关系密切的，如出版中介人才中介机构；三类是一般性的中介机构，如版权经纪代理机构、会展机构、信息技术咨询机构。根据这三类中介机构的风险度采取不同的监管策略，投入不同的人力物力进行市场监管。同时，设立出版中介服务市场预警警示制度。监管部门设定科学合理的中介测评标准体系，定期对中介机构的经营与服务行为进行测评，根据测评结果，发出不同级别预警提示。

第四，出版中介机构行政管理程序创新，确立信赖保护原则。中介机构行政管理程序中，除了强调政府服务的经济、效率和效益价值取向，政府还要不断探索内部行政流程的改造、优化、整合，提高为企业服务的效率。其具体内容是指市场中介机构管理机关应遵守信用，不得朝令夕改，随意变更、撤销已经生效的行政行为，对于需要变更废止的行政行为要履行相应程序，这是建立全社会信用体系的重要步骤——政府信用，保持行政行为安定。其次是公正性原则，由于出版中介机构服务的专业性，在处理出版中介机构的违反违规的案件中,可引入专家庭审制度。

3. 出版中介机构行业自律机制的发挥

行业协会是非官方的、内部的自律管理，一般是从事某一行业的公民、法人和其他经济组织为共同维护事业而组成的自我管理、自我教育和自我服务的社会团体，是依法登记注册，具有法人资格的非营利性社团组织。一般来说，行业协会立足整个行业的发展，规划实施整体发展策略，壮大行业整体实力，制定行业规章，协调行业内部的竞争行为，有利于出版中介机构和中介服务业长远发展。

欧美等出版产业发达国家，政府组织很少直接干预文学经纪、版权代理等出版中介公司的管理与运作，除非其行为或中介服务活动触犯了相关法律。各类出版中介公司都纳入自律性组织进行行业自律管理。如美国文学代理人安德鲁·威利成立电子公司，出版其公司代理的作者的电子书，引起出版商兰登书屋的不满，Trident Media Group的负责人罗伯特·戈特利布要求文学代理人协会出面干涉，维护出版商的利益。对违反文学经纪行业规范的行为进行严厉惩罚，确保了出版中介机构的诚信和专业性，防止文学经纪人为了利益而涉足出版环节。

目前，我国出版中介服务业尚处于稚嫩阶段，没有建立出版中介服务行业自律组织，而是分属于不同的专业服务行业组织自律管理。如出版评估行业分属于评估行业管理，出版经纪人行业属于经纪人行业管理，出版人才中介服务属于人才中介服务行业管理，版权代理属于中国版权协会管理。与出版产业相关的出版中介服务是一种专业性很强的中介服务范围，出版经纪与代理、出版鉴定与评估、图书会展、出版信息咨询等出版中介服务，都对从业人员有很强专业性要求。这些特征决定了他们能形成统一行业，至少可以形成文化中介行业分支的客观必然性。根据以上分析，我国出版中介服务业应当组建出版中介服务相关行业协会，其中可根据不同出版中介服务的各自特点，分设专业委员会，并制定相应行业标准，对出版中介服务进行行业自律，充分发挥行业协会的管理功能。

第六章 出版中介服务评价

出版中介服务评价是出版中介研究领域中不可或缺的一部分，是促成整个出版中介系统完善发展的基本要素之一。本章以我国社会主义市场经济中现已发展成熟的中介服务为参考，着眼于出版产业中介服务的特殊性，构建具有可操作性、适用性和一定科学性的出版中介评价体系。这不只是促进出版中介服务自我完善和自我约束的需要，对探索出版业发展新形势下出版中介的现状与趋势，促进出版中介服务发挥其在整个出版产业中的服务、沟通与监督等功能，也有着积极指导意义和助推作用。

第一节 出版中介服务评价的内涵界定

一、评价的内涵与特征

从本质上讲，评价是对判断的一种处理过程。即“对一定的想法、方法和材料等做出的价值判断的过程。它是一个运用标准对事物的准确性、时效性、经济性以及满意度等方面进行评估的过程。”杜威在《评价理论》中提到“鉴定和评估是公认的‘评价’的两种含义之一”。评价就是在认识到事物发生作用的基础上，使变化能够产生我们所期待的结果，评价的目的就是控制评价客体的进程与结果。评价具有诊断、导向以及激励等功能。杜威从哲学的角度，抽象概括了评价的含义、功能和目的。同样，日本学者三浦武雄也从评价的本质属性出发，概括出评价是一种行为过程，即“从被评价对象主题（即评价客体）中提取本质属性”，并将其转化成“价值尺度”，然后“度量被评价对象”。同时，他把评价作为一种测量行为，即“根据确定的目标来测定被测对象的属性”，并将这种属性变为“客观定量的计值或主观效用”的行为。

从广义的角度来看，评价是人们常常用到的一种思维方式，它的对象可以是人、事、物等，既包括对多个客体的比较与判断，也包括对单一客体的考察与测量，如教师对学生评价、人们对于生活中某些事物的看法、专家对于企业的信用评定。而狭义的评价是指由具有专业评价能力的组织或群体出于特定目的，对评价对象完成项目、计划或政策的能力和效率以及影响做出的判定和评估。狭义的评价具有以下特征。

（一）评价主体必须具有专业性

评价主体必须由具有相关知识与技能的专业评估机构

或者专业评估人员担任。评价主体是整个评价行为的主导者，评价主体的专业性有助于选择有效的评价方法、确定合理的评价指标，有利于得出真实可信、公平公正的评估结果。因此，在选择评价主体时，必须注重评价机构或人员的专业素养，同时也要注重其职业道德操守，选择具有公正无私和诚实可信品质的专业机构或专业人员。

（二）评价过程应具有科学性和规范性

评价过程受诸多因素影响，既有不可避免的，也有可以控制的。既有客观因素，也有人为因素。作为一种科学活动，评价往往需要建立一种完整的理论与指标体系来对评价过程进行管理和监测，使评价过程具备科学性和规范性，以得到公正合理，有价值意义的有效评价结果，这也是评价区别于自我鉴定或工作总结所在。

（三）评价客体应具有独立性或正规性

在不同的评价活动中，评价客体有不同特征或形式，如产品、企业、产业等，无论是哪种形式的评价客体，都应杜绝随意性。任何参与评价的对象都应该达到可评价的标准，对于一种产品来说，就应是经过正规途径生产或获得的。对一个企业而言，评价客体应是独立的组织机构或经济实体，具有正规性、独立性，重视评价行为，充分利用评价资源。

（四）评价行为具有目的性和时限性

无论哪种评价，都具有明确的目的性，狭义的评价是一种需要同时动用人力物力财力的行为。异于广义评价中所包含的相对简单的判断或点评活动，其过程的复杂性与评价主体的高门槛性，要求评价行为是出于一定目的，如为当事人提供参考或咨询。另外，评价行为的时效性是指评价总是在一定时间内完成，是对评价客体在特定时间点内的活动、行为等做出的评价。

二、出版中介评价

（一）出版中介评价的内涵

中介评价是一种狭义上的评价，指以我国现有的各种不同类型与性质的中介组织为评价客体，出于特定的积极目的，根据不同性质的中介组织相应地选择评价对象与评价范围，以对应评价方法与评价指标体系为指导、科学公正为原则进行的评价行为。中介服务评价的对象和范围涉及各中介组织的组织情况、经营状况、运营绩效、能力表现及企业信誉等内容的单个、部分或全部项目。

（二）出版中介评价的构成要素

1. 评价主体

评价工作主体包括评价的操作主体和管理主体，出版中介服务评价的主体遵循评价主体专业性这一一般原则，是通过国家相关评估技能鉴定后，获得评价类职业资格证的个人或单位，如注册资产评估师或具有评估资格的评估机构。此外，作为出版评价的主体，既要熟知市场经济中一般企业的共性，又要有对出版企业文化精神传播使命特殊性的深刻认知，灵活运用评价知识与资源，选择评价方法与评价指标合适的出版中介服务，具体问题具体分析。

2. 评价客体

出版中介评价客体在出版中介服务评价的范围内，既包括不同出版中介服务模式的客体：出版经纪与代理服务模式、图书会展服务模式、出版评估与鉴定服务模式、出版信息咨询服务模式等，也包括出版中介服务模式下的子服务项目，如对中介服务中选题策划效果、版权代理绩效、出版要素交易绩效及作家经纪人能力的评估。

3. 评价目的

一方面，出版中介服务评价的目的与各出版企业所制定的战略目标相关联。对出版中介服务进行评价，可以督促出版中介服务项目的完成，进而助力出版企业达到计划战略目标；另一方面，出版中介服务评价的目的在于规范出版中介服务模式，完善中介服务职能，优化出版中介服务项目，使中介服务能够从微观层面为我国转型时期的出版业提供有益指导，扭转劣势发挥优势，使整个出版生态圈朝着健康可持续的方向发展，这也是进行出版中介评价服务的意义所在。

除此之外，出版中介服务评价的构成要素还包括评价基本原则、方法和过程。评价原则也就是出版中介评价所依据的准则或规范，它既包括评价的价值标准，又包括评价所依据的政策法规，是维护评价参与者各方正当权益、保证评价质量与效果的必要基础。评价方法指评价过程中所参照的理论基础与技术规程。评价需要利用定性与定量相结合的研究方法，从这一角度出发，对于不同的出版中介服务评价对象与出版中介服务评价范围我们很难用统一的模式进行分析，因此，对于评价方法的选择也需要进行探讨。评价程序即评价的运作过程，是评价中的必要工作环节和构成完整评价系统的步骤。概括来说，包含评价对象、范围与评估目的的确定，评价机构与人员的选择，评价工作计划的制定与相关材料的搜集，评价报告的撰写，对评价报告的评审、修改补充与交付存档。

出版企业作为兼具双重属性的市场经济参与者，在评价中既要参照中介服务组织评价的共通原则，又要关注出版中介服务的特殊性。这在出版中介服务评价的每一构成要素中都能得到充分体现。

（三）出版中介评价的类型

根据不同的标准对出版中介评价类型的划分有不同的方式。

按照评价的对象的不同，可划为：项目评价，指对项目完成能力的评价，可以是单一项目，如前面提到的出版中介服务模式下的选题策划、信息资源服务、出版企业价值评估，也可以指出版中介服务内容中涉及诸多子项目的项目组的评价。人才评价，指对出版中介服务组织或机构内个人的评价，如对出版经纪人、出版中介服务组织或机构整个人才队伍的评价。机构评价，例如对图书会展机构、对版权代理公司、民营图书发行等机构的整体评价。

对评价周期和评价对象的时限做考察，可分为：长期评价，即对评价对象做时间跨度较长（一般在五年以上）的评价，它与出版中介服务项目的实施时长呈正相关关系，此时评价主体需要搜集的关于评价对象的相关资料跨度在五年以上，常用于对出版服务中介机构的信誉评价等项目。中期评价，指对评价客体近一至五年之内的经营行为或服务行为做出相关主题的评价，如出版中介服务机构的绩效评价，常常涉及到近几年的服务机构的经营状况或服务状况。短期评价是指以一年为最长的时间限制，对出版中介服务在这段时间的项目状况等做出评价。对图书会展机构的书展效果做出的评价，通常也属于短期评价。

根据评估对象的规模，出版中介服务评价可以划分为：单项评价，对评价对象的某一方面或某一类问题所进行的评价。多项评价，对评价对象的若干个构成部分进行评价；整体评价，一般用于对评价对象的整体价值进行评价。

按评价的时期又可分为事前评价、事中评价与事后评价，本文不展开讨论。

第二节 出版中介服务评价的原则

出版中介服务评价的原则贯穿整个中介评价的过程，是出版中介评价活动的基本要求，体现在评价的单个步骤或全部工作流程上。出版中介服务评价原则也反映出作为兼顾经济效益与社会效益的出版业的中介服务的特殊性。在评价工作中，践行原则的同时也要注重灵活性，具体问题具体分析。评价原则是出版中介服务工作科学性的体现，在不违背原则的基础上因地制宜、因时制宜、因事制宜则是评价工作高效率、高水平的体现。

一、公正性原则

公正是一种价值判断，是指以客观的没有偏私的方式实施评价活动，它包含以下特征：态度中立、行为公平、不偏不倚、不受他人影响、没有利益冲突，并且无偏见歧视。受委托的评价机构或评价人员应具有良好职业操守，恪守评价行业规范，以客观事实和数据为依托，以维护评价对象的合法权益为目标，对被评价对象做出真实完整的评价信息。出版中介服务评价机构要有识别潜在利益冲突的能力，并能借助一定的途径积极管理，确保评价的客观性。评价活动的公正性也许会碰到来自同行、商业等自身活动或其他利益关系的威胁，评价活动的公正性原则可以视为评价行为的精髓，缺乏公正性，可能会产生有缺陷、甚至错误的评价结果，导致评价活动不合格，不仅会扰乱正常的社会经济秩序，甚至会违反法律法规。在评价活动启动之前，评价机构应对公正性做出承诺，使评价结果报告可以令所有评价活动参与方感到满意。

二、全面性原则

全面性原则是指在进行评价时要全面考虑，充分了解评价对象。事物或现象之间是普遍联系的，事物内部诸要素之间也是相互联结的，片面地处理问题不能揭示本质，仅在狭隘地说明现象，导致评价行为缺少应有的深刻性。评价时要把定性和定量指标都纳入评价范围内，要全面收集资料,注重项目要求的资料以及其他相关资料的完备性，系统设计、关注整体、全面评价。对于涉及机构整体的评价内容来说，全面性原则要求从人才机构、服务绩效、发展潜力等方面全面考察。出版中介评价机构的职能范围较广，不同服务模式之下可能会有业务交叉，如图书会展这一出版中介服务模式下也有版权代理业务，而专业的出版咨询公司就覆盖了出版整个产业链近乎全部的中介性咨询业务。因此，在对出版中介服务模式进行评价时，要从宏观角度全面地评价。对于单一层面或者多层面的评价来说，全面性原则要求充分考察相关指标的影响。例如，若要以出版经济人为具体的评价对象，除了以作者出版书的质量与数量为指标做出评价，还需将与此相关的诸如出版信息的掌握情况、应对出版大环境变化的能力以及人格信用列入评价内容，坚持全面性原则，综合评价。

三、目的性原则

评价就是对事物的适用性和必要性做出判断，两者都包含所要达到的目的，使评价报告与评价客体的主动性相互作用，使评价客体拥有能够引起所需要结果的能力，继而得到所期待的结果。评价的目的是多样的，不同评价对象与具体评价内容是与其相对应的评价目的的体现。

出版中介服务评价作为一种经济行为，整个过程要动用一定人力物力财力，需要消耗一定的资源并给评价主体带来经济收入，评价的这种经济属性决定了评价总是出于一定目的性。所有评价行为都有两个向度：一是从评价客体出发，是其优秀能力、完善职能、完备结构等某一方面或全部方面的展示与示范，这种评价对于出版中介服务来说是一种招商投资，是对于自身在出版产业链中发挥重要功能的肯定。二是从社会与出版中介服务对象的角度考虑，现如今出版中介服务尚未形成一定规模，市场化程度不高，服务模式还需要进一步探索，出版中介服务评价是对出版中介服务优良状况的考评。出版中介评价的指标体系设置可以体现出这种目的性，每个指标体系的构建都出于对出版中介服务能力的期望。

四、科学性原则

科学性原则是指评价要以科学精神为指导，采用科学的评价方法，以客观事实为依据，符合一定的理论基础和实践基础。要保证评价结果的正确性和可靠性，就必须采用适合出版中介评价的科学方法进行评价活动。在评价过程中，不能仅凭简单的工作经验，要反对狭隘性和随意性。尊重客观规律，坚持科学的态度是科学性原则的灵魂。

出版中介服务评价的科学性体现在要坚持具体问题具体分析。出版的职能就是为读者提供精神文化产品，通过满足读者的精神文化需求创造价值，其价值链在业务流程、组织管理方式等方面都有自己的特性，因此出版中介评价应避免单一的价值行为取向，充分考虑出版中介服务模式的特殊性和一般性，使评价方案具有可行性，评价结果经得起同行的考评。

五、合法性原则

合法性原则是指包括评价主体、评价客体、评价方式、评价指标等在内的整个评价行为都是合法的、受法律约束的。首先，评价活动的主体和客体都应是合法的机构，是依法设立的独立的市场经营主体，在其经营范围、经营方式、经营场所、从业人数、注册资金、分支机构、机构章程的制定等方面都要符合法律的规范，且其运行不依附其他任何企事业单位和政府部门。其次，合法性原则要求评价活动必需严格遵守国家法律法规、市场规则和行业规范，评价项目的操作、验证等也要有充足政策规定或法律规范，既不能投机取巧打法律的擦边球，更不能有明显违法行为。再者，涉及出版中介服务评价的相关技术参数或行业标准时，要以法律法规或政策文件上的准则为第一依据，参考其他相关中介评价的技术准则，不能使评价活动受到行政力量的干预和评价各方参与人员利益的影响。

出版中介服务作为新兴行业，在发展初期，还未形成具有针对性的、具体的行业规范，因此更有必要突出合法性原则。遵纪守法，依照法律程序办事，既是出版中介服务机构在评价活动中应遵循的基本原则，也是进行评价指标设计的重点。

六、独特性原则

独特性原则是一种视角，出版中介服务模式不同于其他诸如保险中介服务、房地产中介服务、劳动力市场中介服务等社会中介服务模式，有其特定的发展规律和运行模式。出版业具有鲜明的企业个性，它的特殊性是由出版物的特殊性决定的，图书既是物质产品也是精神产品，它在各个出版阶段中表现出的属性特征不尽相同，从选题策划到编辑加工是图书文化价值的体现，而从大量印刷复制到发行流通则是其商品属性的体现。我国出版中介服务中既有侧重选题策划业务的民营出版公司，也有专门的民营发行机构，同时还有包括咨询、代理、评估、鉴定等业务在内的全流程的中介服务，因而具有复杂性和独特性。在对出版中介服务进行评价时要理解出版业的特殊行业性质，明确出版中介的服务对象、服务内容以及服务方式，辨别其服务特征，坚持独特性原则，进行评价活动。

七、创新性原则

创新就是突破、变通与创造，创新性原则要求评价行为不能有刻板印象，要重视多样性，以发展和辩证的眼光看待评价行为，与其他评价原则一样，创新性原则体现在评价的整个过程和步骤中。

出版业处于重大转型期，一方面是转企改制的进程尚未完成，传统出版企业在管理方式、人员构成、业务经营上都处于滞后状态。另一方面是互联网时代，数字出版对于传统出版的冲击，传统出版企业迫切需要一条可持续发展路径，新兴的以数字出版为重点发展方向的企业也处在探索之中，还比较欠缺成熟的经营模式。相对的，以出版业为客户来源的出版中介服务的外部环境、企业资源、行业动态、管理模式等也处于变化之中，在进行出版中介服务评价时，不能照搬专业评价机构或评价人员他们现有的传统评价模式，要走一条创新性评价道路，要以发展的眼光看待出版中介机构，充分发挥评价主体在创新评价行为方面的主观能动性。

第三节
出版中介评价的方法与指标体系设计

一、出版中介服务评价指标体系设计原则

评价出发点、范围和目的的不同，必然对应着不同评价指标。目前我国出版中介服务没有国家制定的统一管理规范，在这种背景下，运用相关成熟理论基础，借鉴其他行业评价标准，积极探索出版中介服务评价标准体系，对于认识我国出版中介发展状况，创造利于我国出版中介服

务成长的环境具有重要意义。出版中介服务评价指标体系的构建除了要遵循前文所提到的出版中介服务评价一般原则外，还应坚持以下几条准则：

（一）要坚持以服务对象的利益为第一要义的准则。出版中介机构服务的核心在于通过中介人的劳动，帮助委托人与第三方达成交易，将双方各自的优势结合起来，充当媒介，促成合作。出版中介机构的内在性质决定了其业务功能总是围绕着委托人和第三方的共同利益而展开。因此，在构建出版中介服务评价的指标体系时，必须关注服务对象的需求，以服务对象的利益为着眼点。

（二）要坚持实用性原则。出版中介服务评价的目的在于剖析影响机构运营状况和服务质量的因素，借此推断发展态势。出版中介服务评价指标体系的建立与这一目的契合。坚持实用性原则，使设计指标具有优良的可操作性，使评价活动能够达到应有的效力，探索出版中介服务的可持续化服务模式，为出版业相关管理部门、出版中介服务机构、出版企业以及社会公众提供借鉴和参考。

（三）要坚持导向性原则。评价指标体系具有导向功能，这是所有评价活动的共同特性，与评价指标体系的评价功能不同的是，导向功能并不是从评价过程和评价结果中自然而然地体现出来的，需要有评价主体的引导操作和评价客体对评价结果的正确的、深刻的认知。因此，构建出版中介服务评价指标时，要树立科学的态度，坚持导向性原则，有针对性地对出版中介服务进行评价指标构建，以期发挥评价的导向作用。

（四）要坚持可量化原则。具体来说是指评价指标是可以测量、可以比较的，各个指标之间是相互独立的，整个指标体系要简约明了，评价指标的定性和定量测评是评价活动产生效能的关键。在对出版中介服务模式进行评价实践时，由于现今出版中介机构自身不够规范的运营方式及各机构职能的交叉，要做到评价指标间的完全独立比较困难，因此，还要坚持简约性原则，分析每个评价指标的特点，将指标的设立重点放在经过科学分析得到的具有代表性的因素上，尽可能地使指标的设立能得到可靠、有代表性的数据，这是出版中介评价科学性原则的体现。

除了以上四项基本原则之外，出版中介服务评价指标体系的构建还要突出评价的功能与作用。出版中介服务行业对评价活动的需求是相关评价活动产生的基础。从市场需求的概念可知，市场需求意味着商品的被需要程度与消费群体一定的购买力。出版中介服务的发展处于上升期，现存行业弊病要求出版中介评价活动充分发挥评价的功能与作用，即对出版中介服务的监督引导、界定公证和评价咨询等，促成出版中介服务行业规范的制定，服务模式的成熟，机构设置的完善等，这也是构建评价指标需考虑的原则之一。

二、出版中介评价指标体系构建

根据出版中介服务评价的基本设想，以及评价指标体系的设计原则，本文构建了以促进出版中介服务发展为核心的评价指标体系。横向分为出版中介服务机构基本情况评价、服务模式评价、经营管理能力评价、工作人员专业素质评价和出版中介服务机构信誉评价四个部分，纵向又将这些一级指标进行细分为由代表性评价内容组成的若干个二级指标。一级指标是指与评价目的和单个具体评价内容直接相关、概括性强的评价指标，二级指标是一级指标的补充完善，概括性稍低。评价指标的设立应该与评价目的相对应，并能够体现出版中介服务的行业特点。

（一）出版中介服务评价的内容

1. 出版中介服务机构基本情况评价

出版中介服务机构应是独立的市场经营主体，但总体而言，我国出版中介的市场主体地位还比较弱，对政府有一定的依赖性，许多出版中介具有官办色彩，因此，对出版中介机构基本情况的评价是基础和必要的。它包括以下几个具体指标：中介服务机构的成立情况、组织结构情况、出版中介机构的内部制度建设以及企业文化建设情况、出版中介服务机构的经营成本和工作条件、内部分工情况以及机构的独立运作能力。

2. 出版中介服务机构管理能力评价

中介机构的商业化运作能力不足，对出版相关的政策和法律法规了解较少，在发展阶段更要有调整经营与管理战略、发现和培养新市场、开拓出版市场的能力，成为出版市场信息的有效传递者，为企业自身打造服务品牌，在出版中介服务行业中力争上游。对出版中介服务机构经营与管理能力的评价主要包括：商业化运作能力、危机处理能力、出版品牌建设能力、信息化管理能力、发现市场需求、开拓新市场的能力、对出版大环境应对能力、对出版法律法规和出版政策的了解程度以及对出版资源的运用能力。

3. 出版中介服务模式评价

目前我国出版机构的服务模式主要是以下几种：经济与代理、交易与会展、信息咨询、评估与鉴定等，对于服务模式的评价是一种较为宏观的评价，目的在于从我国出版中介机构服务项目的开展状况出发，考察当前出版中介服务模式存在的合理性与在出版产业链中发挥效力的大小。出版中介服务模式是各个出版中介机构的核心竞争力和发展动力，它的评价指标主要包括服务项目数量、服务项目实现程度、服务内容与市场的适应情况、服务创新能力与新型模式开发能力、服务项目社会价值情况及现有服务模式的收益状况。

4. 出版中介服务工作人员专业素养评价

出版中介机构工作人员是构成出版中介服务的核心力量，是行业活力来源与灵感源泉，他们的专业素养情况决定了企业的服务能力、经营管理效果与可持续发展能力。专业素养评价可以有效反映出机构存在的缺陷和竞争力状况，对制定管理制度或发展规划起着重要作用。它的具体评价指标有：编辑的基本素养、对大数据的挖掘与运用能力、对全媒体的应用能力、对国际出版业的和出版市场状况了解程度、对出版文化的熟悉程度以及组织宣传营销的能力。

5. 出版中介服务机构信用评价

中介服务作为沟通出版产品与出版市场的关键环节，是出版产业链不可缺少的组成部分，信用与名誉情况反映了服务机构的精神建设面貌，是评价出版中介服务的核心指标之一。良好的声誉能够为出版中介服务机构带来客户群体，也是保持出版中介服务机构与服务对象长期稳定关系的前提。声誉评价的具体指标包括：中介机构与作者、出版社以及消费者之间的信用情况、出版中介服务机构行为的规范性与自律情况、出版中介机构的行业影响力和地域影响力、主要服务对象关系的稳定情况以及独立开展出版服务工作的能力。

（二）出版中介服务评价的指标体系

见下表。

表 6-1 出版中介服务评价的指标体系

出版中介服务评价指标	一级指标		二级指标	
	出版中介服务机构的基本情况	U1	机构成立情况	U11
			组织结构状况	U12
			内部制度建设	U13
			企业文化建设	U14
			内部分工情况	U15
			机构独立运作能力	U16
			经营成本	U17
			工作条件	U18
	出版中介服务机构经营与管理能力	U2	对出版大环境应对能力	U21
			对出版法律法规的了解程度	U22
			对出版政策的了解程度	U23
			商业化运作能力	U24
			对出版资源的运用能力	U25
			发现市场需求、开拓新市场的能力	U26
			危机处理能力	U27
			信息化管理能力	U28
			出版品牌建设能力	U29
	出版中介服务机构的服务模式	U3	服务项目数量	U31
			服务内容与市场的适应情况	U32
			服务创新能力	U33
			新型模式开发能力	U34
			服务模式的效率情况	U35
			服务项目的实现程度	U36
			服务项目带来的社会价值状况	U37
			现有服务模式的收益状况	U38

续表

出版中介服务评价指标	出版中介服务机构工作人员的专业素养	U4	对大数据的挖掘与运用能力	U41
			对全媒体的应用能力	U42
			编辑的基本素养状况	U43
			组织策划的能力	U44
			对国际出版业的了解程度	U45
			对出版市场状况的了解程度	U46
			对出版文化的熟悉程度	U47
			组织宣传营销的能力	U48
	出版中介服务机构的声誉	U5	中介机构与作者间的信用	U51
			中介机构与出版社间的信用	U52
			中介机构与消费者间的信用	U53
			中介机构的合同履约情况	U54
			出版中介机构的行业影响力	U55
			出版中介机构的地域影响力	U56
			与主要服务对象关系的稳定情况	U57
			独立开展出版服务工作的能力	U58

第四节
出版中介服务评价的步骤、方法与过程

出版中介服务评价的步骤即对出版中介服务进行评价时要遵循的一般程序，其先后顺序体现出了评价过程的逻辑性。在整个评价过程中，出版中介服务评价方法的选择不是单一的，是适用性与科学性的基础上多种评价方法的借鉴与结合。无论用何种方法进行评价，总要遵循出版中介评价的一般步骤，出版中介服务评价的过程则是评价原则正确性、评价步骤规范性、评价方法恰当性的具体充分体现。

一、一般步骤

（一）明确评价目的

出版中介服务评价的目的在于推进出版中介服务规范发展，增强出版中介服务的环境适应力，完善出版中介服务促进出版资源合理配置、调节出版生产、推动出版消费等方面的职能，进而提升出版中介服务健康迅速的发展，最终促成完整出版市场体系的构建。

（二）明确评估内容

目前我国出版中介服务的发展还处于初期，与发达国

家相比差距很大，在出版业环境、机构设置、财务管理、经营管理等方面都存在不足。因此，在对出版中介服务进行评价时应从全局着手，从经营环境、组织状况、业务开展状况、财务管理等方面分别构建具体的评价指标，对出版中介服务进行评价。值得注意的是，并不要求每次评价行为都是全方位多层次的，应根据出版中介服务机构的具体要求和评价动机，选择一个或多个方面进行评价。

（三）确定评价方法与评价指标

根据对不同评价方法的讨论，在理解综合评价理论的基础上，对其采用定性分析与定量分析相结合的方法。出版中介服务评价指标的确立，首先要坚持出版中介评价的一般原则及其指标体系的基本设计准则，合理确定各个指标的具体内容，并将其细化为一级指标和二级指标。其次，要根据合理的方式对各个指标进行赋权。总结前文的探究内容，我们将出版中介评价分为五个一级指标和相对应的若干个二级指标。

（四）搜集相关资料

出版中介服务评价要根据评价目的、评价内容以及评价方法的不同，分门别类、有目的性地搜集具体资料，避免随意性与盲目性，在需要出版中介服务时，在法律法规和行业规则许可之内，向评价机构提供真实充足的资料。评价机构也要对搜集整理的资料进行辨别取舍，尽量以第一手资料为评价基础，其他资料作为评价参考。

（五）选择评价方法

前期工作都完成之后,则进入到评价方法的选择阶段。如果在一开始就完全确定好评价方法，可能会出现资料收集不全面甚至空白的状况，大大影响评价效果，降低评价活动的功效，背离评价目的。我们介绍了模糊综合评价法以及对出版中介评价的适用性，但在具体的操作过程中，也不能仅局限于这一种，在出版中介发展变化中，要适时调整评价方法，坚持借鉴与自创相结合，根据出版中介服务的具体模式灵活选取。适时对出版中介评价方法进行创新，是评价工作有成效、有活力的基本保证。

（六）处理与分析评价数据

根据一定的评价方法对评级资料进行定性或定量处理，还要对所得数据的合理性和真实性进行检验，及时剔除误差较大的数据，并根据具体情况，选择性地重新回到前期步骤中，调整资料的收集取舍。分析数据要由专家担任，要求其有充足的评价工作经验，并能深刻了解出版业和出版中介服务行业的发展特点与行业特征，使数据发挥出应有的价值，完成评价工作。

（七）撰写评价报告

出版中介服务评价的最后一个不可忽视的步骤是完成评估报告的撰写和建议，评价的每个具体步骤都要遵循出版评价的几个一般原则，撰写评价报告也有相应的规范，要在全面兼顾的基础上突出重点，使评价报告科学、合法、公正、有效。后续问题包括对评价结果的认识与利用，督促出版中介服务机构对其组织结构、运营状况、管理模式、环境应对能力、信誉情况、项目完成能力等做出相应调整，发挥出评价工作的价值。

二、方法选择

评价方法多种多样，既有定性研究的评价方法，又有定量研究的评价方法,还有定性与定量相结合的评价方法。在选择评价方法时，要与评价目的相适应。本文介绍两种定性与定量相结合的评价方法，用于出版中介评价服务。这种方法的选择基于研究局限，是为出版中介评价活动提供参考，不具备绝对性，并不要求适用于所有出版中介评价行为。

关于权重设置，主要的定权方法包括：专家评分法、成对比较法、saaty 权重法。客观定权法包括模糊定权法、秩和比法、熵权法、相关系数法及其他方法。无论哪一种定权方法，都带有一定的主观性，并会导致权重分配和评价结果的不确定性，因此，在确定权重分配时，要依据合理的专业解释。

（一）层次分析法

层次分析法是一种实用的定性与定量相结合的分析方法，常被用于多层次、多要素、多目标、多准则的复杂的决策问题，现在也被广泛运用于综合评价中。层次分析法将一个复杂的问题作为一个系统，将其分解为若干层次结构，使每一层的元素与上一层元素都具有一定联系。一般步骤是根据出版中介服务评价的对象性质和具体目标，将其分解为不同评价元素，明确各元素之间的关系，对其进行分类并形成清晰的结构模型，据此确定评价对象的层次结构。然后根据专家意见或者其他评价依据构造判断矩阵，再进行权重向量的计算和一致性检验，最后自上而下地逐层求出每一层所有元素的排序权值。

（二）模糊综合评价法

现代综合评价方法与思路都是统一的，都要经过确定评价对象、确立指标体系、确定指标权重、建立数学模型和评价结果分析。模糊综合评价法作为现代综合评价方法之一，借助模糊数学理论对出版中介服务做出评价，在对模糊特点比较明显的出版中介服务进行评价时具有较强适用性，可以有效减少出版中介评价过程主观因素的影响和制约，提高评价的准确性和公正性。

（三）德尔菲法

德尔菲法又称专家调查法，与层次分析法类似，最初也是作为一种预测方法进入经济领域，简便易行，具有科学性、实用性和客观性的特点。随着德尔菲法的完善，它的应用范围不再局限于科技领域，而逐渐被应用于其他领域的预测行为之中。除此之外，它还被广泛用来进行评价活动，包括各种评价指标体系的设计、各个具体指标的建立以及评价活动具体环节的应用。作为一种定性的分析方法，在出版中介服务评价的具体操作过程中，为了确保评价结果的有效性,我们将德尔菲法与其他评价方法相结合，形成一种独立、科学的出版中介服务评价体系。

（四）逻辑框架法

逻辑框架法是一种通用的项目计划、管理和评价的方法，这种方法从确定待解决问题的核心入手，向上级逐层展开得到其影响和后果，向下逐层递进探寻引起问题的原因，再将这一过程所体现的因果关系转换为相应的目标关系，然后通过规划矩阵得到项目全貌，进而使分析者进行相应的计划、管理与评价。逻辑框架法可以帮助评价主体建立一种思维模式，通过对项目实施活动相关的所有要素的汇总和因果分析，包括事物内在的因素、事物所需要的各种外部条件，以及由这些条件产生的结果所形成的逻辑框架，帮助评价者在项目实施之前确定应该达到的具体目标、鉴别其评价成果。出版中介评价机构可以根据逻辑框架法确立服务工作目标层次间的逻辑关系，从目标、目的、产出、投入四个方面进行评价，借以分析出版中介服务的效率、效果、影响和可持续性，充分发挥评价作用。

三、具体过程

出版中介服务评价根据评价目的的不同，可以进行覆盖整个评价指标体系的全面评价，也可以针对某一级指标进行特定方向的评价，评价方法也有不同选择。本文借助模糊综合评价法对出版中介服务机构进行了整体的评价，具体步骤如下：

（一）确定评价因素集（包括一级指标和二级指标）

设 U 为评价因素的集合，则 U={u1，u2，u3，u4，u5}={ 出版中介服务机构的基本情况，出版中介服务机构经营与管理能力，出版中介服务机构的服务模式，出版中介服务机构工作人员的专业素养，出版中介服务机构的声誉 }

u1={u11，u12，u13，u14，u15，u16，u17，u18}

u2={u21，u22，…，u29}

…

u5={u51，u52，…，u58}

（二）确定评价集

设 V 为评价等级，简便起见，本文分为五个等级，即 V={v1，v2，v3，v4，v5 }={ 优秀，良好，一般，较差，很差 }

（三）确定出版中介服务机构评价指标体系中各指标的权重

本文采用专家评分法来确定，根据专家意见，可以测量出各个指标的权重，权重测定的过程如下表所示。

评价指标	专家评分	最终权重
u1	X1	a1
u2	X2	a2
u3	X3	a3
u4	X4	a4
u5	X5	a5

A={a1，a2，a3，a4，a5}

（四）确定单因素模糊矩阵

设 R 为 U 到 V 的模糊关系，利用专家意见调查法，对评价指标体系中一级指标的各个因素进行单因素评价，t 为评价因素集 Ui 中元素的个数，可以得到如下单因素模糊评价矩阵 Ri。

$$R_i=\begin{bmatrix} r11 & r12 & r13 & r14 & r15 \\ r21 & r22 & r23 & r24 & r25 \\ \cdots & \cdots & \cdots & \cdots & \cdots \\ rt1 & rt2 & rt3 & rt4 & rt5 \end{bmatrix}$$

（五）确定单因素的评价结果

将 Ui 视为一个元素，设 Bi 为这个单因素的评价结果，那么

$$Bi=Ai\cdot Ri=(a1,\ a2,\ a3,\ \cdots,\ at)\begin{bmatrix} r11 & r12 & r13 & r14 & r15 \\ r21 & r22 & r23 & r24 & r25 \\ \cdots & \cdots & \cdots & \cdots & \cdots \\ rt1 & rt2 & rt3 & rt4 & rt5 \end{bmatrix}$$

即 Bi={bi1，bi2，bi3，bi4，bi5}

（六）确定出版中介服务机构的总和评价结果

设综合评价结果为 B，则

$$B=\begin{bmatrix} b11 & b12 & b13 & b14 & b15 \\ b21 & b22 & b23 & b24 & b25 \\ \cdots & \cdots & \cdots & \cdots & \cdots \\ bi1 & bi2 & bi3 & bi4 & bi5 \end{bmatrix}$$

（七）对评价结果进行归一化处理

根据最大隶属度原则，确定对出版中介服务评价的最终结论。

第五节
出版中介服务评价的重要性与意义

出版中介服务评价关系到出版中介服务机构的建设方向，影响出版中介服务模式的发展状况以及出版中介机构的服务水平。评价体系的建立作为出版中介发展不可缺少的环节之一，对于完善出版中介系统起到了基础性作用，有利于出版中介服务产业与出版产业相互促进、协同发展，一定程度上可以为政府的宏观管理提供依据，进而促进整个社会中介系统的发展。因此，对出版中介服务评价的研究具有重要的现实意义，对于出版中介服务评价意义与重要性的明确探讨具有紧迫性和合理性。

一、宏观层面

（一）促进出版中介服务产业化

按照中国行政管理学会的划分标准之一，社会中介组织包括营利性中介组织与非营利性中介组织两大类，前者又可以划分为以下两种：一种是监督社会运行组织，主要为市场主体提供有偿的公正性服务。另一种是直接为市场活动服务的中介组织，有代理中介组织、经纪中介组织、咨询中介组织。出版中介服务是随着出版业的成熟而成长起来的营利性中介组织。现阶段，出版中介服务还不具规模，没有形成完备的市场主体，专业化程度不高，市场主体地位不明晰，未形成产业化形态。这种环境下，出版中介服务评价机制的形成能以督促和引导的方式促进出版企业产业化发展。具体来讲，出版中介服务评价活动与出版中介机构相互影响，一定程度上可以达到互利互惠，出版中介服务需要评价机构的专业鉴定来对出版中介服务成果做出质量甄别，评价机构也需要出版中介这一客户来完备自己的服务系统。

一种产业的兴起，往往需要行业龙头和领跑者带动，还需要配套的相关行业，提高市场化水平，评价体系能够督促出版中介服务领域形成一定的准入标准和优质模式，能对于未发展起来的出版中介起到范例与激励作用，这种良性循环可以使出版中介服务被更多市场参与者熟知，从而使之抓住机遇，加入到出版评价服务潮流中去，成为出版中介服务的一分子，壮大出版中介服务队伍，促进出版中介服务产业化，进而完善整个社会中介系统。

（二）加速出版服务产业发展协同化

出版产业与出版中介是共生共长，相互依存，互利互惠的。由于我国出版中介发展尚在初级阶段，出版中介在出版产业链中处于边缘地带，可以视为社会中介评价系统的一部分。其自身定位不够清晰，职能定位也不够明确，例如盛大网络发展公司，如果不对其运行模式进行剖析分解，我们很难清晰地认识到盛大文学下出版经纪人的存在和它的出版中介性质，即使认识到了，也缺乏对出版业界这一新兴行业有目的、有意识的评价和研究。出版中介服务评价有效弥补了这一疏漏，可以从专业的角度，用公平公正的途径，在科学的理论指导下，运用可信的研究方法，让出版中介的作用凸显出来，使出版中介最直观地进入到出版行业的内外视野中，出版中介将会是出版产业链中不可或缺的一部分。数字化时代，全媒体出版从初具雏形到如今的全面迅猛发展，传统出版企业涉足数字出版已不足为奇，“互联网 +”“IP”“媒介融合”“全媒体出版”等热词纷纷出现。整个出版业环境的变革同时也进一步影响着出版业的进程，外在环境的变化需要出版中介服务在出版发展中跟上变化节奏，具备应对多变环境的能力。适时对评价出版中介服务进行评价，可以从整体和局部等不同角度发现出版中介机构的优势与弊端，借助评价报告，使出版中介服务机构及时调整自己的服务方式和服务内容，与出版产业协同发展、相互促进。

（三）助推出版业相关管理机制最优化

尽管构建了一套评价标准和评价原则，但在实际的出版中介服务评价操作中，对于原有的评价方法和指标体系的运用往往处在一种理想状态，不能完全投入到现实中来。

评价管理办法对专业机构和专业人员在实际操作中开展出版中介服务评价活动有着重要的规范和指导意义。一方面，理论来源于实践，出版中介服务评价行为的开展能够形成出版中介评价活动的实践部分，向政府相关部门提供准确市场信息，提供关于机构、组织、行业或从业人员客观公正的可靠报告，是政府宏观管理的依据，政府可以据此制定评价管理办法操作细则。另一方面，能促进出版中介服务机构以及出版中介服务评价机构相关管理类办法或规章制度的颁布，推动出版业相关制度的完备，使出版中介的发展和出版中介评价工作都能做到有理有据。美国 NSF 和 NIH 的项目专家评议，对专家的遴选标准、评价流程、计分方式以及每个评价指标的具体内涵都有清晰的界定或参照标准。我国出版中介服务评价也需要这样的管理办法进行专门规范，出版中介作为出版市场体系发展的重要一环，在整个出版业产业链中也是不可缺席的，这也是构成整个出版业相关管理办法系统中的一个重要组成部分。

二、微观层面

（一）优化出版中介服务的机构建设

机构评价、人才评价、信誉评价等作为出版中介服务评价的内容组成，覆盖诸如机构成立情况、机构结构状况、机构资源状况、人才结构状况以及员工素质情况、行业与地域影响力、信用等级等多方面的考察，出版中介服务状况的信息资源评价结果，不仅能够在一定条件下促成出版中介行业规则的制定，包括中介活动的成本费用、中介活动的管理方法等,还可以树立优秀出版中介服务机构标杆，起到良好的示范作用，助力改进出版中介服务机构的组织结构，健全出版中介服务的组织系统。现今，我国出版中介服务机构还缺乏明确发展目标和精通出版业务与中介服务知识的专门人才,机构服务领域与战略规划也不够明晰，出版中介服务评价可以使出版中介服务机构的不足与缺陷具体化，既能优化现有出版中介服务机构，又能通过监督管理的方式，创造更利于新的出版中介机构成长的环境，推进一批能够提供信息服务、技术指导、咨询服务、版权经纪等多样化服务内容的出版中介服务机构的建立。

（二）规范出版中介服务模式

促进出版中介服务的自我分析和规范管理是出版中介服务评价的功能和目的之一，规范的出版中介服务模式是提供有效服务的关键。出版业性质的特殊性决定了出版中介服务模式下各个服务项目受出版业文化性质影响而具有一定特殊性，出版经纪人与市场经济下其他领域的经纪人既有相同之处也有不同之处。尽管作为经济人，在职业技能与工作能力方面有着相同的基本知识标准，都要接受法律与道德的规范，但就具体的工作内容而言，出版经纪人不仅注重服务对象经济效益的提高，还关注发掘优质出版资源、降低出版成本、从市场需求出发协调作者和出版商。简单来讲，出版经纪人要考虑到服务对象在能力范围内获取最大经济收益的同时也要看重服务对象文化价值的创造，引导作者创作符合出版要求的优质作品。再比如图书会展，与其他经济领域的会展也存在不同之处，图书会展是通过文化交流的方式创造经济价值的，提供参与者一个以分享文化精神为目标的传播与交流平台。

因而，从诸多出版中介服务模式都可以看到，出版中介服务评价的重要性在于以出版中介服务为对象的评价标准和评价体系具有针对性和独特性，它必须从出版业自身的特点出发，有目的、有纪律地进行中介服务，不能简单地仅以提高经济效益为衡量标准，应当在经济效益和社会效益中找到契合点，在重视 IP 与全媒体出版的数字化时代，选择合适、最优的发展路径，这是出版中介评价对出版中介活动有效规范的意义所在和最终要求。

（三）提升出版中介服务能力

出版中介服务评价能够激励、选拔和培养人才，促进人才机制的构建，能够规范服务模式，充分发挥出版中介组织在出版经济活动中的服务、协调、鉴定、咨询、规划等职能，进而提升出版中介服务的整体水平。出版业作为一个历史悠久的产业，在我国鲜明地域特色下，不同地区的出版业也因其汇聚的出版资源的不同，展现出独特的业务方向。传统出版社专业化程度高，从市场细分的角度看，确实有着传统优势，但如今信息资源丰富，出版业不能一味地固守本位，应开拓出版领域，延长产业链。出版中介服务在此可以充当出版市场与出版企业的桥梁，针对不同出版企业各自擅长的领域，凭借自身专业技能，积极提供各类出版中介服务项目。

出版中介服务评价是对其服务的考量，是在出版中介服务发展的摸索阶段对现有出版中介机构及其出版中介服务模式的评价与判断。它将出版中介服务市场与出版市场应达到的目标和取得的效果形成质化和量化标准，使出版中介服务机构在联系出版企业与出版市场、出版资源时，合理权衡各方优势与劣势，在沟通出版市场、出版资源与出版企业、作者或其他第三方的同时，加深对出版相关服务对象的认知，为其量身定制服务模式，扬长避短，增强不同的出版企业的独特核心竞争力，最大程度地利用中介服务资源，使出版中介服务能力达到最大值。

第七章
出版中介服务发展保障体系

体系一词是指若干有关事物或某些意识相互联系而构成的一个整体。本文认为，出版中介机构发展保障体系是指，保障出版中介机构达到最优质服务的各组成要素之间的相互关系。理想状态下，良好的服务保障机制可以使出版中介机构和出版中介服务系统近乎成为一个自适应系统——在外部条件发生不确定变化时，可自动地迅速做出反应，调整原有的策略，最终实现服务优化目标。出版中介服务是坚持以诚信服务为原则，为出版产品生产和服务提供各类中介服务，加快出版信息和出版要素的流通，以促进出版业的发展为宗旨，是出版业发展的服务系统。健全出版市场体系、发展出版中介机构、建立出版中介机构发展保障机制，是影响出版中介服务质量水平的重要因素。其中环境保障、动力机制保障、诚信保障、人才保障是构成出版中介机构健康发展的主要保障机制。出版中介机构发展保障体系如图 7-1 所示。

图 7-1 出版中介机构发展保障体系

第一节
出版中介服务发展的政策环境保障

首先，宽松的发展环境，是出版中介机构成长与发展的前提。国家政府创造的良好政策环境，是推动文化事业不断发展的重要驱动力。日本和欧盟国家对文化创意产业、出版中介机构不但有免税政策，还有支助其发展的大型项目，政策环境的宽松让欧盟与日本的文化产业蓬勃发展。我国在出版文化中介机构发展初期，要不断给予其优惠政策，包括出版类文化产业政策等，同时应加强出版中介机构的市场主体地位建设。

一、出版中介服务发展的政策环境

政策是指人们为了实现某一特定目标而确定的行为准则与谋略。出版中介机构发展政策是指政府为了实现出版中介机构发展目标而用于调控出版中介机构服务活动的行动规范与准则。它具有权威性、强制性、垂直性、具体性、稳定性、发展性、无偿性等特点。出版中介机构发展政策的制定和实施，应以相关法律法规为前提，并起到对出版中介机构及其活动进行宏观调控的作用。促进出版中介机构发展和规范中介服务的政策应具有以下三方面作用：第一，明确出版中介机构政策制定的责任机制，包括政策制定主体、政策制定的权威组织保证及政策制定的程序等，以保证政策实施的权威性和指导性。第二，完善出版中介机构发展政策的内容。目前，虽然我国出台的《中共中央关于建立社会主义市场经济体制若干问题的决定》中明确提出“发展市场中介组织”，国家广播电视局（原新闻出版总署）颁布的《新闻出版总署关于深化出版发行体制改革工作实施方案》中明确提出“要充分发挥市场中介和行业组织的作用，加快发展经纪、代理、评估等出版中介机构，建立专业化、社会化服务体系”，《关于进一步推进新闻出版体制改革的指导意见》的通知进一步强调“发展和完善新闻出版和版权经纪、代理、评估、鉴定、会展等中介机构，提高新闻出版产品和服务的市场化程度”，但还缺乏较为明确和具体的出版中介服务政策体系。因此，制定可操作性强的多类型、分层级的政策体系，确定明确的政策重点与政策目标是首要任务。第三，确保发展和规范出版中介机构发展政策的执行力度。

二、政策内容构建

出版中介服务发展的政策环境会随着其服务本身的变化而变化，但其核心内容是不变的。一般而言，出版中介机构发展政策应包括以下内容：

（一）促进和规范出版中介机构发展的政策法规制定，形成政策扶持到位、监督管理完善的良好环境。

（二）出版中介机构组织管理政策。出版中介机构的法律地位、组织制度、权利、义务以及服务活动规范等，都需要在有关的组织管理政策中予以明确。

（三）出版中介服务技术政策。即对出版中介服务平台建设、维护等过程中所采取的技术标准做出的规定。

（四）出版中介服务人才政策。出版中介服务发展的人才政策主要包括人才引进、专业培训、相关待遇、奖惩等内容。

三、完善出版中介服务发展政策保障机制的措施

促进出版中介服务发展的政策保障机制，需要众多条件和资源保障才能完成：

（一）政府主导。由于政府是维护信息公平、保障公共利益的主要力量，同时，由于政策本身的权威性及一定

程度上的强制性等特征，在出版中介服务政策的制定过程中，政府的行政力量不容忽视。

（二）市场导向。坚持以市场为导向，以出版中介服务机构为主体，充分发挥市场在资源配置中的基础性作用，根据市场需求，确定培育和发展重点。加强政府的宏观指导、政策扶持和市场监管，营造有利于出版中介事业发展的良好环境，辅之以政府推动，把出版中介服务业的发展提升到一个较高水平。

（三）加强有关政策群的建设。出版中介服务涉及众多服务类型，因此有必要建立一个完整的政策群。这个政策群应相互关联，彼此协调，具有统一的目标，从而在整体上推进我国出版中介机构和中介服务的深入发展。

第二节
出版中介服务发展的动力保障

动力即推动事物发展的力量，是事物产生运动和变化的主客观因素。动力机制建设，是推动事物运动、变化、发展的动力要素建设，多种推动事物运动、变化、发展的主客观动力因素的有机组合就形成了某一事物运动、发展的动力系统。出版中介服务业发展的动力机制，是指在出版中介服务业发展的过程中，以满足服务客户为目标，重组影响出版中介机构发展的各项动力因素而形成的一种推动出版中介机构服务能力持续提高的内外因素的有机组合形式。出版中介机构发展的最直接动力是出版产业对中介机构和出版中介服务的需求。出版中介机构的发展动力体系构建，理应为以市场机制为基础、出版企业创新为核心、政府营造创新环境为推动、出版中介机构自身驱动，形成高效率开放型互动模式。所以，出版中介服务业发展的动力机制是推动出版中介机构发生和发展所需动力产生的机理，出版中介机构需要为其自身发展创造条件，并获得足够外部支持，结合内部和外部力量促进自身发展。

一、外在动力

出版中介机构的发展同其他经济组织的发展一样，存在着外部动力，对出版中介体系的发展演化起重要作用。出版中介机构发展的外在动力包括市场拉力和政府驱动力，其中市场需求是出版中介发展的根本外部动力。

（一）市场需求拉力

市场经济的原则是有需求就有市场，同时需求也具有被创造性。出版主体在进行出版活动时需要获取更有价值的信息、节约生产成本，很多出版企业并没有能力也没有必要囊括所有生产流程，许多环节出版企业自身也无能为力，只有求助于第三方机构的服务。如出版企业从事生产活动时往往需要得到与出版生产和服务相关的作者、版权、出版市场需求等信息的支持，而且随着出版产业分工越来越细，对出版中介服务的需求会越来越多。因此，信息供需双方都迫切需要出版中介机构提供信息中介服务，需要出版中介机构牵线搭桥，强大市场需求拉力推动了出版中介机构的发展。

（二）政府驱动力

所谓政府驱动力，就是国家制度和政策引导动力。制度与政策是国家为了适应社会的发展和满足社会需求而制定的一系列措施，是国家权力的体现。出版中介服务行业是社会效益和经济效益并举的行业，是文化创意产业的重要组成部分，政府理应将之作为重点发展行业，给予相应政策支持和利益诱导，促进出版中介机构和中介服务业发展。

二、内在动力

出版中介服务机构发展的内在动力来自出版中介服务体系内部，包含出版中介机构自身发展的需要及效益实现动力。

（一）出版中介机构自身发展需要

出版中介服务机构，需要为出版生产主体提供高质量的中介服务，获取应得劳动报酬，以满足自身可持续发展的需求。显然，单一传统的服务内容和方式已不能适应出版生产主体对发展需要，出版中介机构需要在服务模式上积极创新，为自身的生存和发展提供保障。

（二）效益实现动力

出版中介服务机构的经济效益和社会效益实现追求也是促进发展的重要推力。任何组织的存在都以追求一定经济效益或社会效益为目的，作为出版体系中为出版生产服务的出版中介机构来说，除了追求经济效益外，同时也要兼顾社会效益。出版中介机构通过自身服务活动，一方面能提升组织自身的品牌效应，另一方面则提高了出版产业对于出版中介服务需求的满足，促进了出版产业的发展，满足了大众对出版产品的需求，大大提高了社会效益。

三、动力机制构建

出版中介服务发展的内部动力与外部动力之间存在着相互影响与相互依存的关系。通过对出版中介服务发展动力因素的有效整合，我们可以构建一种推动出版中介服务业持续发展的内外因素有机组合形式，即出版中介机构发展动力机制。它主要包括以下内容：

（一）提高出版中介机构对出版中介服务重要性的认识

任何个人与组织都有实现自我价值，并从所从事的活动中获得利益的渴望。国家要重视出版产业链的健康发展，认识到出版中介服务是出版产业链中重要的一环。出版中介机构要认识到自身价值、认识到自身在社会发展、推动文化创新过程中所扮演的重要角色。

（二）创新服务模式

出版中介机构能够在出版市场主体之间、出版要素市场之间建立沟通的桥梁与纽带，调配出版资源。致力于解决出版主体在生产经营过程所遇到的信息不畅问题。出版中介服务不只是简单的信息传递的过程，而是一项信息、知识的创新工作。因此，只有不断创新出版中介服务模式才能满足出版市场的中介服务需求。

（三）优化服务运作系统，消除各种阻力

我国进入出版中介服务领域的资本尚且不足，为解决资金问题，可以从以下三个方面入手：第一，鼓励和支持出版中介服务主体在法律容许的情况下，以多种形式和渠道筹集资金，创新服务方式。第二，参与到大型中介服务项目中（出版“走出去”项目），让社会重视出版中介机构在出版体系中的地位。第三，促进出版中介服务动力机制的联合开发，使各级各类出版中介机构在平等互利的基础上，结成紧密关系，取长补短，从而有效提高服务水平。

第三节
出版中介服务机构的诚信保障

诚信一词的解释是“诚实，守信”。诚信实质具有两层含义，第一层含义是诚实；第二层含义是守信用。现代市场经济是信用经济，诚信是市场经济发展的基石。社会信用体系是维持市场经济秩序、改善信用环境的保障。美国、日本、欧洲等国家具有比较完善的社会信用体系。从一定程度上说诚信是企业的重要资本和资源，是企业持续发展不可或缺的品质，对从事出版中介服务业的中介机构和企业来说更是如此。

一、内容意义

调查统计表明，42%的受访人和受访机构认为中介公司的声誉是影响客户选择的第一因素，40%的受访人和受访机构认为中介公司的收费也是重要影响因素。诚信是中介服务机构对契约的全面接受与执行，而不是有选择地、机会主义地接受与执行，是一种契约伦理。出版中介机构诚信是中介机构在诚信意愿和诚信能力基础上履行与各利益相关者所约定契约的行为及表现，主要涉及出版中介机构与作者之间的诚信、出版中介机构与出版社之间的诚信、出版中介机构与消费者之间的诚信（如出版中介机构提供产品服务质量、各种信誉信息）、中介机构与政府之间的诚信。具体而言，出版中介服务机构诚信是一个包括中介机构员工诚信、中介机构诚信和中介行业诚信等内容的集合体。出版中介服务机构员工诚信是基础，出版中介机构诚信是主体，出版中介行业诚信是保障。出版中介机构员工及机构在服务过程中承担着诚信义务和忠实义务，必须保持操作业务活动的独立性、公正性和权威性。

（一）出版中介服务机构的诚信内容

出版中介服务机构的诚信包括以下几个方面的内容：

1. 出版中介经营行为诚信

善意经营，公平竞争，在进行作家经纪与代理、对出版要素和出版机构进行等级评估、为出版机构提供咨询性信息时，不恶意欺诈，不以骗取好处为目的，不逃避法律法规，为出版单位、作者和读者提供科学权威的信息，最大限度地满足出版市场的需要,助推出版活动的顺利进行。

2. 自觉遵守商业道德

出版中介机构其本身是一种文化机构，所从事的是一种崇高的文化活动，辅助出版和生产人民群众需要的精神文化产品。更应该以文化机构的标准约束自己，不从事不符合商业伦理道德的行为，坚持做到信息真实，热情服务，忠诚公正，坚持制止弄虚作假等行为。

（二）构建出版中介服务机构诚信保障体系的意义

构建出版中介服务机构诚信保障体系的意义体现在以下四个方面：

1. 有利于出版中介服务机构的政府监管

出版中介服务市场的规划和管理离不开政府的支持和投入，通过构建诚信体系，让政府管理部门更多地关注出版中介市场，针对实际情况，制定相关法律法规，加强对相关出版中介机构的资质审核、成果管理、成果质量等方面的监管力度。信用评级还可以作为出版中介管理部门审查决策的依据，保持出版中介市场的公平、公正、诚信。

2. 有利于提高整个出版中介行业的信用意识

信用和法律是市场经济的两大支柱，一个是自律，一个是他律，市场经济发展到今天，良好的社会信用愈显重要。为了规范目前出版中介服务市场，必须要增强中介机构信用评价的意识,提高出版中介机构信用评估的积极性。

3. 有利于规范出版中介机构和中介服务行业的发展

诚信体系为出版中介机构信用评价提供理论依据和评估方法，通过对出版中介机构及从业者信用的客观评价，可以增强中介机构间信用信息的透明度，为出版市场的交易和信用管理决策提供有价值的信息和评估支持。

4. 为整个国家社会信用体系的建立和完善奠定良好的基础

整个社会的信用体系是由大大小小、各行各业的诚信子系统构成，建设社会主义和谐社会的重要内容就是诚实守信。出版中介行业作为中介行业更加应该重视信用和信用体系的建设，出版中介服务行业信用是社会信用体系的一部分，各行业信用体系的建立，为整个国家社会信用体系的建立和完善奠定了良好基础。一言以蔽之，没有诚信，就谈不上良好的市场秩序。随着我国出版体制改革的深入，诚信的作用和力量也越来越凸显出来。另一方面，出版中介服务机构加强诚信建设，在提高自身诚信度和公信力的同时也提高了自身市场竞争力。

二、体系构建

诚信是社会进步与文明发展的标志，信用是行业发展程度的重要体现。我们可以从以下四个方面构建出版中介服务的诚信保障机制。

（一）构建出版中介服务信用信息平台

通过国家行政政策扶持或市场竞争的方式搭建出版中介服务机构信息平台，按照“政府主导、市场运作”的方式收集完善信用信息数据，定期向社会公示出版中介服务机构信用信息，以强化出版中介的信用意识。信用信息平台主要公示以下信息：

第一，出版中介服务机构的基本信用信息，即中介机构信用的基础信息。如工商行政管理部门登记的基本信息以及需要国家广播电视局备案的出版中介机构原生信息；技术监督部门掌握的企业质量认证、质量标准、质量荣誉及不良行为记录情况；税务机关的纳税信息，出版中介机构是否依法纳税以及具体的纳税信息；司法部门掌握的涉及出版中介机构信用情况的有关资料；物价、文化、海关、审计等部门掌握的能够反映的出版中介服务机构信用情况的相关资料等；各大商业银行所掌握的出版中介服务机构信贷情况。

第二，出版中介服务机构的派生信息。主要包括来自第三方对出版中介服务机信用评估和鉴定的评价信息等。政府的义务是主导搭建信用平台，通过信用平台向社会提供出版中介机构基础信用信息，为交易方进行信用评价创造条件。

第三，出版中介服务机构无信、失信及受到处罚的信息。通常情况下，对于在经营过程中，守信的出版中介服务机构，进行守信表彰十分必要。同时也应意识到，公示失信信息更为重要，对遏制失信的不良风气具有更重要和长远的意义。一方面，强调了出版中介机构违法失信成本，另一方面，有助于降低市场交易风险，使出版中介机构失信成本大大提高，失信付出的代价比恶意所得更高，使其付出惨重代价。通过政府信用平台信息公示的威慑，来达到防范故意失信行为的发生。

第三，出版中介机构法定代表人信息。出版中介机构的经验与运作主要掌握在机构负责人的手中，企业的经营意识大部分是其负责人的意识的直接体现。因此，有必要形成出版中介机构的守信失信行为与法定负责人的信用联动机制。

（二）完善区域出版中介机服务机构信用体系

我国出版中介服务机构的发展水平，与我国文化产业的发展水平紧密相关。出版文化产业发展较好的京津沪地区、中南地区，长三角地区等，可以首先建立起中介服务信用体系。在广泛组织和动员全社会积极参与的同时，加强跨部门、跨领域、跨区域的合作，借鉴企业信用体系建设经验。2003 年以来，长三角地区已在信用体系建设方面进行了积极探讨与合作，签署了多个区域间的信用合作文件，如《共建信用长三角宣言》和《江苏省、浙江省、上海市信用体系建设合作备忘录》等。出版中介服务机构的信用系统构建也可以先从完善区域信用体系着手。

（三）推进全社会的诚信文化建设

诚信是社会进步与文明发展的标志，出版中介服务机构诚信文化的建设与形成是一个长期的系统工程，诚信建设不可能一蹴而就，也不能孤立发展，往往是在特定的社会大环境下共同建设成长起来的。通过培养全社会的诚信氛围，使每一公民、企业、行业在日常工作和生活中能够自觉地遵守社会公德、公民道德、家庭美德和商业道德，从而形成诚信光荣、失信可耻的价值观念和社会诚信文化。在全社会的诚信文化建设总目标下，政府诚信是保障，公民诚信是基础，企业诚信是重点，行业诚信是纽带。政府要充分发挥在诚信建设中的主导作用，担负起社会信用制度管理和监督职能，通过正确的政策和合法的措施，充分行使政府职能，引导整个社会诚信建设，培育社会诚信文化。

第四节
出版中介服务发展的人才保障

二十一世纪的竞争，说到底就是人才的竞争，拥有了高水平的人才就拥有了创新力。企业只有构建人才实力，才能保证可持续发展。出版中介服务也是如此，不仅需要懂得专业知识与先进信息技术的人才，而且必须培养出大量基础性专业人才。因此，须建立健全出版中介服务人才保障机制。具体而言，出版中介服务人才保障机制包括人才引进机制、人才培养机制及人才激励机制等几个方面。

一、人才引进机制

人才引进机制主要包括人才引进渠道、人才待遇及人才岗位设置等。首先是人才引进渠道，主要有大专院校、科研院所、留学回国人员或其他行业引进方式。研究制定完善的高层次文化人才引进政策，探索和实施文化中介人才发现计划，确立并完善相关人才引进机制，建立文化经营管理人才库,推行人事代理制度和文化人才网络化管理，发挥市场在人才资源配置中的基础性作用，采取社会招聘等方式，放宽引进条件。在文化创意人才的引进方面，我国有地区出台了相关政策，如《北京市促进文化创意产业发展的若干政策》《天津文化产业振兴规划》《全国文化系统人才发展规划（2010–2020 年）》等，在积极提倡发展文化中介组织的同时，鼓励引进和聘用海内外高层次管理人才，文化创意人才和营销经纪中介服务人才。

二、人才培养机制

过去，由于中介服务机构发展中存在的问题和弊端，导致我国中介服务机构从业人员业务素质不高、综合能力欠缺，复合型人才更是严重稀缺。出版中介行业属于文化产业，也和其他中介服务人才的状况有几分相似。我国出版中介机构的从业人员有一部分是原有的文化部门班子计划体制里遗留下来的人员,如果不对其进行相应专业培训，他们将无法适应新的信息环境下用户的多样化、数字化需求。因此，应建立起健全的在职人员培训机制，使员工具备服务于现代出版产业的专业素养。提高出版中介服务人员的综合素质（出版中介服务人员素质体系如表 7–1 所示），应注重出版中介服务人员的知识结构、年龄结构、学历水平建设，使其能在出版经纪与代理、图书会展领域、出版评估与鉴定领域、出版咨询领域从事出版中介服务专业中介服务。具体来说，这些人才应该具备较高文化素养、拥有文化创新意识、具备知识产权方面的法律意识等。从具体的培训措施上来说，首先，出版中介机构应对各类服务人员的培训要求覆盖面全，有针对性。随着时代和技术的进步，知识不断更新，任何人都不能固守成规，必须活到老，学到老才能适应社会发展。作为出版中介机构的服务人员更应如此，要不断更新知识，更新观念。因此，对员工的继续教育和培训应该全面覆盖，还可以结合员工的个人特性，有针对性进行专业培训。对于不同层次人员的培训，要体现现实性和针对性，突出专业技术。例如，作为网络作家生产的摇篮，盛大文学对其公司经纪人的培训就十分重视，其前 CEO 侯小强曾经公开强调要通过职业培训使其公司的编辑顺利转型，成为新型作家经纪人，全面经营网络作家。其次，可以设立专项培训基金。出版中介机构可以设立员工专项培训基金，保证培训工作的正常化和可持续化。第三，建立合作培养机制。派员工到高校进修，我国有许多高等学校开设文化产业管理专业，有的大学在文化产业管理专业下还开设了文化经纪人方向（具体情况参见表 7-2），出版中介机构可充分利用高校教育资源，凭借和高校联合培养出版中介人才的方式，推动人才培养工作的科学化、系统化和常态化。

表 7-1 出版中介服务人员素质体系

出版中介人员素质体系	知识体系	出版专业知识；出版市场行情知识； 出版企业管理知识； 法律法规知识
	能力体系	鉴别能力；谈判能力； 策划能力； 表达能力；协调能力； 创新能力；学习能力
	品德体系	诚信意识；合作精神； 保密意识；合作精神； 法制观念

表 7-2 我国开设文化产业管理专业的高校

院校名称	开设时间	所在院系	是否开设文化经纪人方向
中国传媒大学	2004	经济与管理学院	是
北京电影学院	2005	管理系	是
中国音乐学院	2003	艺术管理系	是
北京师范大学珠海分校	2004	艺术与传播学院	是
南昌大学	2010	经济与管理学院	否
赣南师范学院	2013	文学院	否

续表

大连艺术学院	2013	文化艺术管理学院	否
厦门大学嘉庚学院	2013	人文与传播学院	否
山东工艺美术学院	2013	人文艺术学院	否
西安音乐学院	2013	音乐学系	否

三、人才激励机制

人才激励制度是出版中介服务人才保障机制的重要组成部分。激励目标之一在于保留优秀人才，即采取有效措施抑制人才流失，保持较为稳定的人才规模。另一目标在于激发人才的个人潜能，使之发挥最大的效力，为出版中介服务做出贡献。建立科学的人才激励机制可以从以下四方面入手：

1. 成长激励

中介服务行业是人才流动性较大的行业，出版中介机构员工的流动性亦是如此。因此，进行科学的职业道德教育，使员工对自身的职业有充分认识，对个人价值的实现抱以合理希望，使之能够在工作过程中拥有合情合理的服务态度与期望，以稳定人才规模。

2. 给予员工充分的尊重与沟通

出版中介机构的工作讲创意、讲成果，有相当大工作压力。在工作中要充分尊重出版中介机构员工的人格与劳动成果等，并及时与其进行沟通，了解他的思想和工作动态，制定个性化人才激励计划，以更好地帮助员工实现个人价值。

3. 提供适合的物质条件或待遇

适当拉开不同层次人才的收入差距，制定不同的分配政策，设立良好的薪酬激励机制。

4. 为员工规划良好的职业前景

出版中介机构的长远发展与本单位员工的发展密不可分，出版中介机构有责任和义务为员工的职业进行合理规划，在其工作业绩满足相应条件的情况下，给予晋升机会，可以有效激励员工的工作热情，实现本单位员工的职业发展目标，与单位共同成长发展。

四、人才准入机制

某些特定行业实行资格准入制度，即通过相应职业技能鉴定或认证，方能进入某一行业，从事相关工作。它的根本目的是为了保证从业人员具备必要的专业知识和职业操守，保证服务质量。从 1993 年开始，我国建立起包括专利代理人、执业药师、注册建筑师、监理工程师、律师、房地产估价师、企业法律顾问、注册安全工程师、注册拍卖师等不同领域资格的专业技术人员职业资格证书制度，2009 年又首次实行了招标师职业水平考试制度。出版中介服务业是为出版产业提供中介服务的知识密集型文化产业，其本质是一种文化活动，同时通过经济运作达到获益的目标。这就要求出版中介机构的从业人员不仅能坚持正确的文化与舆论导向，同时还要具备过硬的专业知识、市场营销知识和法律知识。从政府监管的角度来讲，应该为出版中介机构的从业人员制定规范性文件，时机成熟时，可以通过立法程序，制定相关法律法规。如员工职业道德标准规范、就业规范及服务规范等，依法对出版中介机构从业人员进行资格审查。出版评估与鉴定的评价结果对规范出版市场经营秩序具有重要意义，对该类从业人员要进行严格的考核和执业资格的审查。严格的职业资格制度，限定了中介机构从业人员的起点，对于改变现有职业中介人才结构，使出版中介机构拥有更多人事独立权，促使现有员工通过学习提升专业素质具有重要效用。从出版中介机构角度来讲，要尽可能多渠道地面向社会吸引高级人才，建立和探索一套严格、科学的出版中介机构从业人员招聘、选择程序与方法，做到择优录取，同时对于已有人才加强岗前职业培训，设立资质认证。

五、学习型组织建设

学习型组织的概念由管理学者彼得·圣吉提出，彼得·圣吉是该理论的奠基人。善于不断学习是学习型组织的本质特征，包括四层含义。一是强调终身学习。即组织中的成员均应养成终身学习的习惯，这样才能形成组织良好的学习气氛，促使其成员不断学习。二是强调全员学习。也就是说企业中的所有人员都要投入其中：企业组织的决策层、管理层、操作层都要全身心投入学习，尤其是经营管理决策层，他们是决定企业发展方向和命运的重要阶层。三是强调全过程学习，即学习必须贯彻于组织系统运行的整个过程中。四是强调团体学习，即不但重视个人学习和个人智力的开发，更强调组织成员的合作学习和群体智力（组织智力）的开发。通过保持学习能力，不断突破组织成长极限，从而保持持续发展态势。在我国，学习型组织近年来得到企业管理界的高度重视，建设学习型组织成为企业获得竞争优势的重要方法，企业善于学习和善于思考的能力像人的学习能力一样已经成为企业未来持久竞争力的关键因素。作为独立经营的出版中介机构，还处于发展的初级阶段，尚未形成成熟的发展模式和管理模式，更应该善于根据外部环境的变化修正自身行为，以适应新环境。

第八章 结论与展望

一、本文的结论

出版市场体系是构成我国现代文化市场体系的重要组成部分，出版中介服务体系是促进出版要素资源合理配置的关键环节，是出版产业链上不可缺少的节点，是出版产业发展的重要标志。在社会生产日益专业化的今天，出版中介服务及服务机构正发挥着越来越重要的作用，有着不可替代的地位。目前，如何使出版中介服务体系更加健康、规范与高效运行，是摆在各管理部门和各行业研究与实践者面前十分重要的课题。在参阅国内外大量资料的基础上，本文重点对我国出版中介服务的管理体系、服务模式、服务平台、服务评价及发展的保障体系进行了理论与实证分析。通过研究，本文得出了以下结论：

（一）出版中介服务是指在出版行业中，主要（兼营）为出版物的生产和服务交易双方提供版权经纪与代理、交易与会展、出版信息咨询、出版评估与鉴定等中介服务活动，经工商行政管理部门注册登记的出版中介机构（领取出版中介机构营业执照，成为出版市场的经营性主体）提供的出版中介活动。出版中介服务的功能表现为经济功能和社会功能。经济功能主要体现在节约出版成本、合理配置出版资源、增加出版效益。社会功能主要表现为推进中华文化“走出去”，繁荣出版市场，满足人们不断增加的精神文化需求。因此，发展出版中介具有现实必要性和可行性。

（二）据调查，我国出版中介服务水平，还远远不能适应我国市场经济水平以及出版产业的发展需要。其中，政府对出版中介服务机构的管理职能交叉、真空等不合理和不到位现象，严重影响了出版中介机构管理走向成熟化、合理化、科学化，不利于促进我国出版中介服务机构健康发展。对此，有必要从理念、立法等方面改进我国出版中介服务机构管理体系。

（三）对我国出版中介服务进行统一管理的前提是对出版中介服务进行合理划分和归纳管理。《新闻出版总署关于深化出版发行体制改革工作实施方案》和《关于进一步推进新闻出版体制改革的指导意见》中提出的四类出版中介服务模式重点管理、发展和研究，关注出版中介服务的其他形式，符合我国国情。我国出版经纪与代理，图书会展、出版评估与鉴定、出版信息咨询等提供出版中介服务的机构已有所发展，形成了较为固定的经营模式。然而，与国际出版中介发达国家相比，我国出版中介服务的发展还有很长的路要走。我国出版中介服务模式发展过程中可以充分借鉴他国的成功经验，结合本国国情，优化出版中介机构服务模式。

（四）出版生产要素有效流动和信息充分透明是市场良性运作的重要前提和保障。构建出版中介服务平台，不但可以满足出版市场供求双方的需要，还是出版中介服务面向用户的窗口。按照合理的原则构建的出版中介服务平台具有信息沟通、资源整合、培养出版中介市场和示范的功能。利用现代计算机技术，建设基于 Web Service 的创新开放式出版中介服务平台信息系统，有利于解决目前我国分布式异构信息系统中数据的获取问题，是一种值得推广的出版中介服务平台建设方式。

（五）出版中介服务评价是出版中介研究领域不可或缺的一部分，是促成整个出版中介系统发展完善的基本要素之一。以我国社会主义市场经济中现已发展成熟的中介服务为参考，着眼于出版业产中介服务的特殊性，构建具有可操作性、适用性和一定科学性的出版中介评价体系。这不仅是促进出版中介服务自我完善和自我约束的需要，而且对于探索出版业发展新形势下，出版中介的现状与趋势，促进出版中介服务在整个出版产业中的沟通与监督等功能的发挥，也有着积极指导意义和助力作用。

（六）合理完善的出版中介服务发展保障机制建设可以从多维度促进出版中介机构的发展，多角度提高出版中介服务效率。环境保障机制、动力保障机制、诚信保障机制、人才保障机制等相互依存、相互影响，共同构成一个整体，以保障我国出版中介服务的健康发展。

二、研究局限及展望

出版中介服务体系的发展涉及多个复杂要素系统，出版中介服务是极其复杂的经济活动。由于我国出版中介机构过去没有统一的管理，在统计与管理上有一定困难，这也使得研究出版中介机构的难度增加。理论研究方面，对于出版中介服务的系统研究尚处于起步阶段，缺乏可借鉴的成熟理论和方法；服务实践上，出版中介机构也正探索适合我国国情的发展策略，其服务所产生的效益仍有待检验和提高。在前人的研究成果的基础上，经过相关的调查，笔者对影响出版中介机构发展的因素进行了探索。但因时间、精力、笔者知识结构和能力所限，本研究也存在一些问题，在今后的研究中有待进一步改进。

本文将出版中介服务分为版权经纪与代理、交易与会展、出版信息咨询、出版评估与鉴定四大类型，然而随着出版生产力的发展，出版分工会越来越细化，有可能出现新的出版中介服务类型，如出版人才中介服务、出版法律服务、出版财务服务等。

在对出版中介服务的研究中，所使用的研究方法也属常见的。总的来说，对出版中介机构发展的建议与优化策略还有待验证。

笔者认为，在本文的研究基础上，努力克服以上研究局限，今后对出版中介服务的研究还可在以下几个方面展开：

（一）出版中介服务的比较研究

本文涉及的内容有限，下一阶段的研究中可以重点选择不同地区出版中介机构的发展情况进行比较研究和定量研究，以检验已有的结论或得出更加具有指导性的策略。

（二）出版中介服务绩效研究

出版中介服务的绩效是出版中介服务机构的生命，是影响出版中介服务发展的重要因素。在此后的研究中，对出版中介服务绩效的研究是本研究需要补充和丰富的内容。

参考文献

一、主要著作与论文集

[1]2002 guide to literary agents[M]. NewYork: Writer's Digest Books, 2001.

[2]2013 Guide to Literary Agents [M]. NewYork: Writer's Digest Books, 2012.

[3]Become Successfully Published[M]. Florida :Atlantic Publishing Company, 2010.

[4]Dickerson D. Guide to literary agents[M]. Newyork: Writer's Digest Books, 2000.

[5]Gillies M.A. The professional literary agent in Britain,1880-1920.[M] Toronto:University of Toronto Press,2007.

[6]Hepburn J G. The author's empty purse and the rise of the literary agent[M].Oxford:Oxford University Press, 1968.

[7]Herman J. Guide to Book Publishers, Editors and Literary Agents[M].New York:Random House Digital, 2004.

[8]Larsen M. How to Get a Literary Agent[M]. Chicago:Sourcebooks,2006.

[9]Mayer D, Begley A. Literary Agents: The Essential Guide for Writers[M]. London: Penguin Books, 1998.

[10]Weidhaas P. A history of the Frankfurt book fair[M]. Dundurn: Dundurn press,2007.

[11] 白远，王冠群 . 中国文化创意产业研究——总论与行业分析 [M]. 北京 : 对外经济贸易大学出版社 ,2012:19.

[12] 曾庆敏 . 法学大辞典 [M]. 上海 : 上海辞书出版社 ,1998:22–23.

[13] 柴晓路 .Web 服务架构与开放互操作技术 [M]. 北京 : 清华大学出版社 ,2002:56–80.

[14] 陈天荣 . 科技中介发展动力研究——兼论嘉兴对策 [M]. 北京 : 北京理工大学出版社 ,2011.12:230.

[15] 陈艳莹 . 社会网络与市场中介组织的规范发展 [M]. 北京 : 科学出版社 ,2012:23.

[16] 大力弘扬求真务实精神学习读本编写组 . 大力弘扬求真务实精神学习读本 [M]. 北京 : 研究出版社 ,2004.03:27–29.

[17] 方卿 . 出版产业链研究 [M]. 北京 : 高等教育出版社

2011.

[18] 高永贵 . 文化管理学 [M]. 北京 : 北京大学出版社 ,2012:7−8.

[19] 龚禄根中国行政管理学会课题组 . 中国社会中介组织发展研究 [M]. 北京 : 中国经济出版社 , 2006:7−8.

[20] 龚兴胜 . 当代汉语词典（国际华语版）[M]. 北京 : 商务印书馆 ,2008:805−806.

[21] 郭培勋 . 中介组织理论与实务——中介组织发展模式 [M]. 山东 : 山东人民出版社 ,2009:127.

[22] 郭亚军 . 综合评价理论方法及拓展 [M]. 北京 : 科学出版社 ,2012:1−2

[23] 韩霞著 . 高技术产业公共政策研究 [M]. 北京 : 社会科学文献出版社 ,2009:151.

[24] 何独明 . 新时期高校思想政治工作与教学管理研究 [M]. 四川 : 西南交通大学出版社 ,2010:355.

[25] 黄捷 , 刘晓广 , 杨立云 . 法律程序关系论 [M]. 长沙 : 湖南师范大学出版社 ,2009:121.

[26] 黄先蓉 . 出版法规及其应用 [M]. 苏州 : 苏州大学出版社 ,2005.

[27] 金冠军 , 郑涵 . 上海传媒产业制度变迁 [M]. 上海 : 上海交通大学出版社 ,2011:156.

[28] 金舒 . 应对突发事件方法与技巧 [M]. 北京 : 国家行政

学院出版社 ,2011:142−145.
[29] 来小鹏 . 版权交易制度研究 [M]. 北京 : 中国政法大学出版社 ,2009:11.
[30] 李青山 . 行政管理学 [M]. 北京 : 北京农业大学出版社 ,1997:3−4.
[31] 陆祖鹤 . 文化产业发展方略 [M]. 北京 : 社会科学文献出版社 ,2000:201.
[32] 罗紫初 . 比较出版学 [M]. 武汉 : 武汉大学出版社 ,2006.
[33] 马克思 . 对民主主义者莱茵区域委员会的审判 (马克思恩格斯全集)[M]. 北京 : 人民出版 ,1961:65.
[34] 彭国华 . 新闻出版版权法制理论与实务 [M]. 长沙 : 湖南人民出版社 ,2002:124.
[35] 汪耀华 . 出版空间理念与实务架构 [M]. 上海 : 上海大学出版社 ,2009:166.
[36] 王福生 . 政策学研究 [M]. 成都 : 四川人民出版社 ,1991:2.
[37] 王建辉 , 陈竹 . 竞争机制与企业人事管理 [M]. 北京 : 中国经济出版社 ,1989:46.
[38] 王培根 . 现代科技中介服务业理论与应用 [M]. 武汉 : 湖北科学技术出版社 ,2006:111−113.
[39] 王文元 . 经纪人实用知识全书 [M]. 北京 : 中国检察出版社 ,1993:3.

[40] 亚当·斯密 . 国民财富的性质和原因的研究 [M]. 北京 : 商务印书馆 ,1972:8−10.

[41] 闫玉刚 . 国际演出与文化会展贸易 [M]. 北京 : 中国传媒大学出版社 ,2008:160−162.

[42] 原毅军 . 科技中介机构的发展与管理 [M]. 大连 : 大连理工大学出版社 ,2007:121.

[43] 张美娟 . 中外版权贸易比较研究 [M]. 北京 : 北京图书馆出版社 ,2004.

[44] 张维迎 . 博弈论与信息经济学 [M]. 上海 : 三联书店 ,1996:419.

[45] 张自杰 . 排水工程（下册）[M]. 北京 : 中国建筑工业出版社 ,1996:89.

[46] 赵锦棻 , 吕先竞 , 李勇等 . 四川省高校文献信息资源保障体系建设与实践 [M]. 成都 : 四川大学出版社 ,2008:11.

[47] 赵晓霞 , 黄晓东 , 唐辉 . 人力资源管理与开发 [M]. 北京 : 清华大学出版社 ,2012:228.

[48] 中共上海市委宣传部 . 构建和谐社会 多维视角下的理论思索 [M]. 上海 : 上海人民出版社 ,2006,12:113−117.

[49] 中国编辑学会全国出版专业职业资格考试办公室 . 出版专业基础 (中级)[M]. 上海 : 上海辞书出版社 ,2007:21.

[50] 周游 , 徐玲玲 . 客户关系外包管理 [M]. 北京 : 化学工业出版社 ,2012:16−17.

[51] 朱静雯 . 中国出版企业集团发展研究 [M]. 北京 : 辽宁人民出版社 ,2005.

二、主要期刊

[1]Ambroszkiewicz S.enTish: An approach to service composition[J].Lecture Notes in Computer Science, 2003(3):168−17.

[2]Andringa E. Mediation and transfer of German exile literature in a Dutch setting: On the role of mediators with particular attention to the emergence of literary agents[J]. Tijdscherft Voor Nederlandse Taal−enletterkunde, 2012, 128(3): 276−294.

[3]Atwill Y, Hickey C D. Area studies librarians and international book fairs: the Hong Kong Book Fair experience[J]. Library Collections, Acquisitions, and Technical Services, 2003, 27(1): 97−105.

[4]Beezmohun S. Bridging the Gap: the International Book Fair of Radical Black and Third Worlds Book (1982−95)[J]. 2007(2).

[5]Fonseca−Greber B. The book fair in french teacher education[J]. The French Review, 2007: 636−647.

[6]Frow J. On Midlevel Concepts[J]. New Literary History, 2010, 41(2): 237−252.

[7]Gabbidon S L, Higgins G, Martin F. Press rankings in criminology/criminal justice: A preliminary assessment of book publisher quality[J]. Journal of Criminal Justice Education, 2010, 21(3): 229–244.

[8]Graesser A C, Klettke B. Agency, plot, and a structural affect theory of literary story comprehension[J]. The Psychology and Sociology of Literature, 2001: 57–70.

[9]Hoberek A. Literary Agents[J]. MFS Modern Fiction Studies, 2008, 54(4): 870–876.

[10]Hughes J E. Ten Percent of Nothing: The Case of the Literary Agent from Hell (review)[J]. Missouri Review, 2004, 27(3):208–209.

[11]Kwon O Byung. Meta Web Service :Building Web–Based Open Decision Support System Based on Web Service[J]. Expert System with Applications,2003(24):375–389.

[12]Baverstock A. How to get a publisher or agent to notice your work[J]. In: Kingston Reader's Festival,2009.

[13]Lewis J S. An assessment of publisher quality by political science librarians[J]. College & research libraries, 2000, 61(4): 313–323.

[14]Moeran B. The book fair as a tournament of values[J]. Journal of the Royal Anthropological Institute, 2010, 16(1):

138–154.

[15]Moeran B. The book fair as of values[J]. Negotiating Values in the Creative Industries: Fairs, Festivals and Competitive Events, 2011: 119.

[16]Peace A. Anthropology in the postmodern landscape: The importance of cultural brokers and their trade[J]. The Australian journal of anthropology, 1998, 9(3): 274–284.

[17]Publishing A H. Literary Agent and Law Firms [J]. The Book Trade in Canada: Your Complete Guide to the Canadian Publishing Marketplace, 2008（4）:136.

[18]Schiffrin A.（1998）Transnational publishing in microcosm: The Frankfurt Book Fair[J]. The Chronicle of Higher Education,1998（4）:20.

[19]Simon S. Germaine de Staël and Gayatri Spivak: Culture Brokers[J]. Translation and Power, 2002（3）:122–40.

[20]Song S. The digital challenge for the book industry: a viewpoint of Frankfurt Book Fair[J]. New Library World, 2012, 113(7): 343–350.

[21]Spavlik J M. Trending Topics–Fitting Literary Agents Into the Digital Publishing Equation[J]. EContent–Digital Content Strategies and Resources, 2011: 8.

[22]Tomljanovich I. The Warsaw International Book Fair

and its audiences[J]. Slavic & East European Information Resources, 2001, 2(1): 53−61.

[23]Weidhaas P. The Frankfurt Book Fair: 60 Years and Still a Shining Example[J]. Publishing research quarterly, 2009, 25(1): 30−35.

[24] 白雪飞 . 中西当下出版经纪环境之比较 [J]. 文艺生活 ,2011(12):253−255.

[25] 鲍红 . 出版高管问计企业咨询 [J]. 出版参考 ,2006(12):8.

[26] 陈天荣 . 传统产业集群中科技中介机构的发展动力研究 [J]. 经济，技术与环境——全国经济管理院校工业技术学研究会第九届学术年会论文集 ,2008:235−244.

[27] 陈晓阳 , 廖斌 . 国际书展留给中国人的思考 [J]. 编辑学刊 ,2005(1):79−80.

[28] 陈亚辉 , 申群喜 . 社会中介组织管理体制创新研究——以广东省 Y 市为调查对象 [J]. 中国行政管理学会 2010 年会暨“政府管理创新”研讨会论文集 ,2010:4−5.

[29] 陈志强 . 建立文化中介机构 , 培育文化经纪人 [J]. 上海艺术家 ,1999(01):33−35.

[30] 戴云波 , 马莉 . 版权代理机构与出版经纪人制度：出版业的两个命门 [J]. 中国版权 , 2012(04):46−48.

[31] 邓可 , 刘恩山 . 美国 “2061 计划”高中生物学教材评估内容 , 特点及启示 [J]. 生物学通报 , 2009, 44(8): 44−47.

[32] 杜恩龙 . 国外的出版经纪人 [J]. 出版广角 ,2002(08):63-65.

[33] 樊人龙 , 陈鸣等 . 上海文化中介机构发展思路与对策 [J]. 上海社会科学院学术季刊 ,2001(01):93-102.

[34] 方卿 . 论出版工作室发展的产业链意义 [J]. 出版科学 ,2009(03):11-13.

[35] 方亚楠 , 李后卿 . 图书出版发行中的信息不对称现象及消除策略 [J]. 科技情报开发与经济 ,200(23):105-106.

[36] 冯赫 . 外国行业协会的业务职能及其对我国的启示 [J]. 学会 ,2005(12):5-7.

[37] 冯霄 . 文化部将出台三项措施助推文化经纪业 [J]. 中国文化报 ,2002-04-08.

[38] 顾江 . 南京文化中介组织发展中面临的机遇与挑战 [J]. 南京社会科学 ,2003(12):97-101.

[39] 关于进一步推进新闻出版体制改革的指导意见 [J]. 新闻战线 ,2009(05):17.

[40] 韩梅 . 出版经纪人在中国 [J]. 出版经纪 ,2004(10):31-33.

[41] 韩筱旭 . 文化产业人才观——浅析我国内地的文化经纪 [J]. 东方艺术 ,2011(01):70-71.

[42] 胡攀 . 我国文化中介机构刍议 [J]. 重庆社会主义学院学报 ,2007(03):39-41.

[43] 胡全兵 , 曾星 , 王远美 . 我国版权代理制度的问题及

对策 [J]. 出版发行研究 ,2012(07):39−41.

[44] 黄建远 . 中国传媒咨询业的发展空间及制约因素 [J]. 学海 , 2006 (1): 126−130.

[45] 黄先蓉 , 赵礼寿 , 阮静 . 出版政策的绩效评估——基于 1979—2002 年出版业发展的分析 [J]. 科技与出版 ,2011(02):74−80.

[46] 江越 . 盘整资源重装上阵 -- 新闻出版总署报纸出版评估论证制度解读 [J]. 传媒 ,2008(07):13−21.

[47] 赖永波 . 图书会展现状与发展对策 [J]. 图书馆建设 ,2011(06):83−85.

[48] 李峰 , 王志刚 , 聂震宁等 . 我们怎么利用国际图书博览会——五位老总谈版权贸易的投入与产出 [J]. 出版发行研究 ,2002(05):5−9.

[49] 李康 . 出版经纪机制的法律分析 [J]. 出版与印刷 .2006(02):17−20.

[50] 李薇 . 中国出版经纪人是否浮出水面 [J]. 经纪人 ,2005(07):18−21.

[51] 练小川 . 出版商的新对手 : 文学代理人 [J]. 出版参考 ,2011(30):42−44.

[52] 刘甲学 . 基于 Web Service 的政府信息资源共享平台研究 [J]. 档案学通讯 ,2008(3):66−69.

[53] 刘玲香 . 英美国家的版权代理人 [J]. 出版参

考 .2002(22):29.

[54] 刘权 . 政府立法的科学化探讨 [J]. 湖北民族学院学报 : 哲学社会科学版 ,2009,27(1):107−111.

[55] 刘文 . 浅谈版权代理的几个问题 [J]. 科技与出版 .1998(03):33.

[56] 刘晓彬 . 专业化分工与市场中介组织的形成及演进机理分析 [J]. 软科学 ,2009(3):140−145.

[57] 刘昕亭 . 夏季到香港来看书——香港书展的文化治经济学 [J]. 中国图书评论 ,2011(09):3.

[58] 刘永红 . 西方出版经纪业鸟瞰 [J]. 编辑学刊 ,2005(02):79−80.

[59] 罗家如 . 版权代理忧思录 [J]. 出版广角 ,2003(05):42−44.

[60] 毛小红 . 浅析法兰克福国际书展的成功之道 [J]. 中国出版 ,2009(01):101−105.

[61] 梅蕴新 . 信息是比物质和能源更为重要的资源 [J]. 数据 ,2008(12):13.

[62] 孟凡 . 那些著名的外国书展 [J]. 全国新书目 ,2013(10):10−11.

[63] 娜拉 , 孙庆国 . 做书业的专家服务商 [J]. 出版参考 ,2009(01):8.

[64] 潘文年 . 西方出版业海外扩张中行业协会的角色作用 [J]. 编辑之友，2009(11):110−113.

[65] 彭琳 . 典型图书版权输出案例分析与思考 [J]. 商丘职业技术学院学报 ,2010(04):121-122.

[66] 尚国琲 . 房地产经纪的内涵与特征分析 [J]. 河北法学 ,2005,23(4):75-78.

[67] 邵萍 , 徐丽芳 . 数字时代欧美文学经纪人营运模式变迁 [J]. 出版参考 ,2013(19):45.

[68] 申作宏 . 从美国国际书展到北京国际书展看版权贸易 [J]. 中国出版 ,2002(7):25.

[69] 史江涛 , 田穗 . 中介组织评价指标体系研究 [J]. 技术经济 , 2006(1):91-93.

[70] 史同广 , 蔡菲等 . 基于 Web Service 的分布式文化信息资源共享系统研究 [J]. 情报杂志 ,2006(2):20-22.

[71] 宋桂林 . 创意写作与中国当代校园小说 [J]. 黄河文学 ,2012(06):176-178.

[72] 孙万军 . 西方出版经纪人模式的发展与变迁 [J]. 出版科学，2013(01):5-7.

[73] 唐晓亮 , 刘峰 . 我国出版经纪人的春天在哪里？ [J]. 出版参考 : 业内资讯版 ,2008(07):14.

[74] 万丽慧 . 数字时代出版社兼营作家经纪业务的新商业模式探讨 [J]. 出版发行研究 ,2011(3):57-60.

[75] 汪全莉 . 我国出版中介机构研究 : 背景与意义 [J]. 出版发行研究 , 2015(9):27-30.

[76] 汪全莉 . 我国出版经纪与代理中介服务模式及其优化探析 [J]. 出版科学 ,2015, 23(5):25−29.

[77] 王海云 , 张书勤 , 高岫 . 出版单位无形资产评估指标体系研究 [J]. 出版发行研究 ,2007(06):26−30.

[78] 王建荣 , 张志安 . 传媒咨询业的现状与对策 [J]. 中国记者 ,2004(05):54−55.

[79] 王锦贵 , 裴永刚 . 北京地区出版行业协会状况研究 [J]. 大学出版 ,2008(5):59−65.

[80] 王坤宁 . 经营性图书出版单位等级评估使“只生不死”成历史 [J]. 科技与出版 ,2008(10):78.

[81] 卫红 . 中国对外文化贸易逆差的原因及对策分析 [J]. 中国经贸导刊 ,2010(16):34

[82] 位鑫 , 樊晶光 , 王宇航等 . 香港注册安全主任制度对注册安全工程师执业资格制度的启示 [J]. 中国安全科学学报 ,2007,17(1):70−75.

[83] 魏龙泉 . 美国著作经纪人“生财之道”[J]. 出版参考 ,2003(31):30.

[84] 夏红军 . 出版经纪人初探 [J]. 印刷与出版 ,2006(01):23−26.

[85] 夏红军 . 西方出版经纪人发展现状初探 [J]. 出版科学 ,2006(03):21−24.

[86] 肖少春 . 创建学习型企业的认识与思考 [J]. 山东省工

会管理干部学院学报 ,2006(04):63.

[87] 新闻出版总署关于深化出版发行体制改革工作实施方案 [J]. 中国报业 , 2006(08): 21-23.

[88] 徐键 . 论行政协助的协议化——跨区域行政执法的视角 [J]. 浙江社会科学 ,2008(9):43-49.

[89] 徐静 . 科技出版向信息咨询业转型 [J]. 编辑学刊 , 2007(5):10-13.

[90] 徐丽芳 . 出版产业价值链分析 [J]. 出版科学, 2008(04):17-19.

[91] 许欢 . 欧美出版经纪业的特点及发展趋势 [J]. 编辑学刊 .2003(05):63-66.

[92] 许欢 . 欧美出版经纪业的特点与经纪人 [J]. 出版发行研究，2003(08):76-79.

[93] 许乃青 . 出版社社会效益评估的构想与实践 [J]. 中国出版 ,2006(10):18-19.

[94] 闫坤 . 浅析我国出版经纪人的现实困境 [J]. 传承 ,2008(03):72-73.

[95] 闫平 . 文化中介 : 文化产业链的关键环节 [J]. 理论学习 ,2008(06):10.

[96] 闫志宏 . 等级评估 : 助推城市出版社创新发展 [J]. 中国出版 ,2011(05):27-28.

[97] 姚德权 , 赵洁 . 中国版权代理业的考量和发展 [J]. 编辑

之友 ,2007(06):19−22.

[98] 叶新，李雪艳 . 文学代理人的五大作用 [J]. 科技与出版 ,2012(2):15−16.

[99] 余皓明 . 香港书展 : 靠什么罪什么汇聚人气 [J]. 编辑之友 ,2009(05):52−55.

[100] 苑再思 . 关于经营性图书出版单位等级评估工作的初步思考 [J]. 科技与出版 ,2010(01):14−16.

[101] 张根水 . 档案中介服务质量评价指标体系构建研究——基于 SERVQUAL 和 RATER 理论模型视角 [J]. 浙江档案 , 2015(2):23−25.

[102] 张洪 . 在伦敦书展感受出版链条的互动 [J]. 编辑学刊 ,2005(04):78−80.

[103] 张洪波 . 版权代理 : 何时长风破浪直挂云帆 [J]. 出版参考 ,2005(25):7−8.

[104] 张静 . 版权代理是“走出去”的助推力——专访中国版权保护中心主任助理魏红 [J]. 出版广角 ,2007:24−25.

[105] 张静 . 版权代理新思路——专访北京版权代理公司副总经理张艳 [J]. 出版广角 ,2007(07):26−27.

[106] 张弢 . 对发展我国市场中介组织的制度经济学思考 [J]. 科技与管理 ,2006(01):74−76.

[107] 张卫东 , 王萍 . 科技中介服务网络平台建设研究 [J]. 情报科学 ,2011,29(7):1071−1074.

[108] 张志林，孙铁军，包祖慧 . 我国版权代理市场特点及发展 [J]. 北京印刷学院学报 .2008(06):18-25.

[109] 赵光敏 .AAP: 美国出版行业协会的功能与运作 [J]. 编辑学刊 ,2007(06):78-80.

[110] 中共中央国务院 . 关于深化文化体制改革的若干意见 [J]. 理论与当代 ,2006(01):4-7.

[111] 钟楚 . 经营性图书出版单位等级评估是如何进行的——专访新闻出版总署出版管理司司长吴尚之 [J]. 中国出版 ,2009(09):20-23.

[112] 周建中，周长海 . 我国科技评价管理办法的内容分析与启示 [J]. 科技促进发展 ,2012,(03):87-94.

[113] 周耀虹 . 略论发展中介组织与转变政府职能 [J]. 上海行政学院学报 ,2002(3):92-99.

[114] 周玉波，焦健 . 出版经纪人的价值与发展 [J]. 出版发行研究 ,2013,(01):31-33.

[115] 朱建伟 . 建立出版中介组织的问题与对策 [J]. 苏州大学学报 ,2006(70):23-25.

[116] 朱胜龙 . 出版单位等级评估将促进优胜劣汰 [J]. 出版参考 ,2008(30):009.

[117] 朱音 . 我国图书出版行业首家专业国际会展中心挂牌 [J]. 中国出版 ,2009(02):71.

[118] 邹伟，段竞晖等 . 中介法律制度建设的法律思考 [J].

当代法学论坛，2010:3-8.

[119] 左巍．美国的出版咨询业[J]. 出版发行研究，2007(12):73-74.

三、主要报纸

[1] 陈杰．文著协稿酬查询系统运营举步维艰 [N]. 北京商报，2011-05-06.

[2] 方圆．国际版权交易中心落户北京雍和园 [N]. 中国新闻出版报，2009-02-17.

[3] 方圆．国家版权局发文明确文著协稿酬收转职能 [N]. 中国新闻出版报，2009-08-19.

[4] 何兵．资格证书制度必须慎行 [N]. 法制日报，2003-07-20.

[5] 江宗德．现代文化市场体系 4 特征 [N]. 人民日报，2011-8-1.

[6] 姜旭．人才匮乏成版权经纪软肋 [N]. 中国知识产权报，2012-12-21.

[7] 焦斌龙．鼓励发展文化中介组织推动市场化交易 [N]. 光明日报，2012-2-8.

[8] 景小萌．法兰克福书展：故事驱动中国 [N]. 中国文化报，2012-08-11.

[9] 李春晖．三少越写越阔少 [N]. 中国企业家 .2014-06-05.

[10] 李晓虹 . 新型出版产业运作模式：访中作国安文化经纪有限公司总经理葛笑政 [N]. 中国新闻出版报 ,2006-10-24.

[11] 刘金祥 . 社会文化服务体系中的中介组织 [N]. 中国社会科学报 ,2011-11-29.

[12] 柳斌杰 . 打造会展大品牌 推动出版大发展——寄语 2013 北京图书订货会 [N]. 中国新闻出版报 , 2013-01-11.

[13] 孟刚 . 我国需要出版经纪人 [N]. 中国消费者报 ,2010-12-02.

[14] 王佳欣 . 新闻出版总署支持研究型第三方咨询机构发展 [N]. 中国新闻出版报 ,2009-07-08.

[15] 夜雨 . 从文学掮客到文学经纪人 , 他们如何影响国人的阅读 [N]. 中国图书商报 ,2013-3-26.

[16] 张杰 . 网络文学迈入“全版权时代”. 华西都市报 ,2014-12-17.

[17] 邹韧 . 国家版权基地落后中国人民大学 [N]. 中国新闻出版报 ,2007-10-31.

四、电子资源

[1]AAR：The professional organization for authors'representatives[EB/OL].（2011-1-27）[2013-03-07]. http://www.aaronline.org/office.

[2] 百道网.作家经纪人加剧文学商业化？梅花阅读会[EB/OL].(2011-08-08)[2013-08-20]. http://www.bookdao.com/article/25406/.

[3] 百度百科.面向服务架构[EB/OL].（2013-12-12）[2014-01-02].http://baike.baidu.com/view/453197.htm.

[4] 光明网.版权评估为金融与文化架桥[EB/OL].（2012-05-08）[2013-12-09]. http://www.gmw.cn/media/2012-05/08/content_4106306_2.htm.

[5] 胶东在线.山东首家“国家版权贸易基地”落户台儿庄 [EB/OL].（2012-09-09）[2013-12-01].http://www.jiaodong.net/news/system/2012/09/09/011640227.shtml.

[6] 开卷.开卷首页[EB/OL].2010[2013-12-30].http://www.openbook.com.cn/.

[7] 人民网.管理的基础——正确的价值取向[EB/OL].（2013-01-09）[2013/09/17]. http://finance.people.com.cn/n/2013/0109/c70846-20140472.html.

[8] 搜狐网.首家出版要素市场东方出版交易中心在沪开业 [EB/OL].（2001-12-29）[2014-01-23]. http://news.sohu.com/57/05/news147540557.shtml.

[9] 新浪博客.经纪人和代理人在权利和责任方面有何区别 [EB/OL].（2012-04-18）[2013-10-04]. http://blog.sina.com.cn/s/blog_6c24bccd01012wta.html.

[10] 新浪博客 . 盛大旗下馨月汇创始团队离职 [EB/OL].（2011-06-10）[2013-12-06]. http://blog.sina.com.cn/s/blog_4e40d08d0100te9b.html.

[11] 中国经济网 .2016 年文化产业将成为国民经济支柱产业 [EB/OL].（2011-10-27）[2013-08-07]. http://www.ce.cn/culture/whcyk/gundong/201110/27/t20111027_22791930.shtml.

[12] 中国人民大学国家版权贸易基地版权评估中心 . 简介 [EB/OL].（2012-05-08）[2013-12-09].http://banquanpinggu.show.imosi.com/1/company_desc.aspx

[13] 中国网 . 出版评级将出台 分出版社类别考核 [EB/OL].（2008-05-07）[2013-12-27]. http://www.china.com.cn/book/txt/2008-05/07/content_15091543.htm.

[14] 中国新闻网 . 中国作家需要经纪人吗？众作家、出版人态度不一

[EB/OL].（2013-03-05）[2013-10-06].http://www.chinanews.com/cul/2013/03-05/4614789.shtml.

[15] 中国新闻出版网 . 上海书展十年成功转型——打破藩篱潜心搭建文化服务平台 [EB/OL].（2013-08-12）[2013-08-12]. http://data.chinaxwcb.com/epaper2013/epaper/d5595/d1b/201308/36017.html

[16] 中国政府网 . 国家“十一五”时期文化发展规划纲要(全

文）[EB/OL].（2006-09-13）[2006-10-23]. http://www.gov.cn/jrzg/2006-09-13/content_388046.htm.

[17] 中国政府网 . 文化部部长 : 预计 2016 年文化产业成为支柱产业 [EB/OL].（2011-10-23）[2013-08-03]. http://www.gov.cn/jrzg/2011-10/23/content_1976395.htm.

五、其他

[1]Schoener L.Literary Agents: Past, Present and Future[D]. NewYork:Pace University, 2010.

[2] 陈速 . 市场中介组织管理制度研究 [D]. 重庆 : 重庆大学 ,2008(10):11.

[3] 戴艳清 . 面向公众的公益性数字文化服务研究 [D]. 武汉 : 武汉大学，2011:140-146.

[4] 杜介眉 . 基于“走出去”战略的文化经纪传播研究 [D]. 长沙 : 中南大学 ,2008(05):2-3.

[5] 郭艳旬 . 基于平衡计分卡的出版社网站绩效评估体系构建 [D]. 北京 : 北京邮电大学 ,2010.

[6] 胡文娅 . 欧美文学经纪人研究 [D]. 武汉 : 华中师范大学 ,2011(05):10-11.

[7] 李华娟 . 企业诚信问题研究 [D]. 武汉 : 武汉理工大学 ,2005:26-27.

[8] 李伟红 . 房地产企业诚信问题研究 [D]. 西安 : 长安大

学 ,2007:21.

[9] 刘海燕 . 我国图书出版咨询研究 [D]. 长春 : 东北师范大学 ,2005.

[10] 陆庆平 . 企业绩效评价新论 – 基于利益相关者视角的研究 [D]. 大连 : 东北财经大学 ,2006:118–120.

[11] 罗加环 . 我国现代文化中介机构与政策规制研究 -- 以演艺经纪为主体 [D]. 上海 : 华中师范大学 ,2009(05).

[12] 牛海荣 . 营利性中介组织交易成本理论分析 [D]. 广州 : 华南师范大学 ,2007(06):19.

[13] 夏红军 . 出版经纪人发展研究 [D]. 武汉 : 武汉大学，2005.

[14] 夏卡莉 . 中国图书版权贸易分析研究 [D]. 武汉 : 武汉大学 ,2004.

后记

本书是在我的博士论文基础上修改而成，亦是湘潭大学“图书情报与档案管理”湖南省十二五重点学科建设成果及湘潭大学博士科研启动项目“我国出版中介服务研究”研究成果。借本书付梓之际，向在我求学、工作和研究期间给予我关怀、支持、鼓励和帮助的人们致以最诚挚的谢意。

感谢导师朱静雯教授给予我的关心、帮助和教诲。读博期间我各方面能力的提升与朱老师的谆谆教诲密不可分。朱老师渊博的学识，一丝不苟的治学作风，对事业的热情与执着的精神深深地感染着我。朱老师的个人魅力和治学态度给我留下的深刻印象，成为我人生宝贵的精神财富。而今，朱老师又在工作特别繁忙的情况下，不辞辛苦拨冗为本书作序，使之增色颇多。

感谢信息管理学院出版科学系罗紫初老师、方卿老师、黄先蓉老师、吴平老师、徐丽芳老师、张美娟老师、姚永春老师等老师的教导，在论文开题中对论文的选题和结构提出了许多宝贵意见，让我及时调整选题范围和研究框架以开阔思路。感谢沈阳老师、吴永贵老师、王清老师、王晓光老师，他们认真负责的教学和科研能力，都使我由衷敬佩，老师们孜孜不倦的学术精神和为师之范将永远激励我不断进步。同时，向给予我辛勤教诲和无私帮助的武汉大学信息管理学院其他博士课程的老师致以最诚挚的谢意，你们严谨的治学态度、执着的求实作风令我永生难忘。

感谢我的工作单位湘潭大学公共管理学院的领导和同事对我工作和学业的支持，减少和分担了我一部分教学工作任务，使我能够专心于学业，并促成了本书的出版。

感谢我的家人对我工作和学习的理解和大力支持，使我安心学习和研究工作，特别感谢我的女儿，她是我的精神支柱和前进的动力。

在论文写作过程中，广泛吸取了国内外有关的研究成果，参考和引用了大量文献资料，已有的成果是本文研究的起点，谨向被引用和参考文献的学者表示诚挚的谢意。

同时感谢湘潭大学出版社的领导和编辑老师们，本书能够顺利出版与你们的辛勤工作密不可分。

感谢帮助支持我的人！

汪全莉

2018 年 6 月

于湘潭大学

图书在版编目（CIP）数据

我国出版中介服务研究 / 汪全莉著. -- 湘潭 : 湘潭大学出版社, 2018.8
ISBN 978-7-5687-0211-9

Ⅰ. ①我… Ⅱ. ①汪… Ⅲ. ①出版业－中介组织－商业服务－研究－中国 Ⅳ. ①G239.2

中国版本图书馆CIP数据核字（2018）第093844号

我国出版中介服务研究

WOGUO CHUBAN ZHONGJIE FUWU YANJIU

汪全莉　著

责任编辑：张　蔚　吕　花
装帧设计：思维空间
出版发行：湘潭大学出版社
社　　址：湖南省湘潭大学工程训练中心
电　　话：0731-58298960 0731-58298966（传真）
邮　　编：411105
网　　址：http://press.xtu.edu.cn/
印　　刷：长沙超峰印刷有限公司
经　　销：湖南省新华书店
开　　本：889 mm×1194 mm 1/32
印　　张：9.75
字　　数：200千字
版　　次：2018年8月第1版
印　　次：2018年8月第1次印刷
书　　号：ISBN 978-7-5687-0211-9
定　　价：32.00元